大台北
空中散步
*Above Taipei*

陳敏明 攝影　　陳文山·曾旭正·詹素娟 解讀

遠流出版公司

俯瞰北海岸的岬角和灣澳，
迎面撲來大海強烈氣息，
空中散步的迷人旅程開始了⋯⋯

從外海朝東南方向俯視尖凸入海的野柳岬，遠處3支白色煙囪的左方就是基隆港。(1996/08)

遼闊綠野敞開胸懷

群山在遠方殷殷招喚

向前飛，台北就在眼前了……

在淡水河上空俯瞰關渡平原，遠方是大屯火山群與山腳下的北投、石牌、天母一帶。（1997/0□

高樓昂然聳立，地標明顯特出，
通衢大道與跨河大橋四通八達，
這樣展現著大都會傲人的氣勢……

由「中正紀念堂」附近向西北遠眺，台北市區精華與淡水河出海口盡收眼底。(1999/C5)

在山腳下，在小溪畔，
如此緊密的相依相靠，
看哪，我們摯愛的家園……

由捷運淡水線「芝山站」上空，俯瞰雙溪兩側的天母與士林一帶。(1999/05

大河浩蕩，山嶺環擁，
在高空上盡情瀏覽台北盆地，
一遍遍的盤旋、流連……

由「重陽橋」附近上空，眺覽觀音山、淡水河與三重地區。(1992/07

令人依戀不捨的大好河山，
來，再飛得更高更遠吧，
前方還有更多絕妙奇景……

由新店溪畔的「青年公園」上空，北眺大屯火山群屏障下的台北盆地。(1997/11)

# 目錄

觀音山・八里・林口台地

封面：從台北橋上空眺覽大稻埕與台北市區
封底：大屯火山群的磺嘴山

北部海濱

大屯火山群

台北盆地

丘陵山區

# 與天使出遊

「今天要拆門嗎？」「要。」「椅子拆不拆？」「拆前排。」

一段對話後，隔沒多久，民航局飛安檢查人員來我們停在機坪上待命的九人座車內逐一檢查每個人的身份證，之後車子緩速前進抵達位於跑道南側起飛線附近的停機坪，直昇機的機務人員已經拆下直昇機兩側的門及前排座位。

上機後，助理和我相繼把空照使用的相機逐一從背包裡取出，並且一一扣上自備的安全繩，讓每一部相機都有一條細纏繩可以扣在直昇機上。直昇機機務人員拿來兩組粗大的安全帶，讓我如五花大綁似的從腹部用雙卡勾緊緊繫住，安全帶背後緊扣住一條大尾巴，結實的勾在機艙底的大扣環，我常笑著與隨行的人說，不能付太多定金，這樣人家才會把我綁得更緊。

預熱之後，隆隆低沉的大旋翼奮力奔旋，飛行教官與塔台報備後緩緩升起機體，保持輕微前傾的姿態慢慢前進幾秒，地球的吸引力剎時間好像停止，直昇機如一葉輕舟，飄過大樓屋頂，指向待拍攝的第一個目標區。

透過連結耳罩的麥克風，與前座的飛行機長溝通了高度與盤繞的次序後，相機快門的連續聲交雜著旋翼聲、引擎聲，我不斷的按下快門。從視網膜上得到的地面圖像，既熟悉又陌生，本來在地面上習慣的從1.65米的視覺高度來看的形象記憶完全不見了，取而代之的是羅列成型的街坊、如火柴盒般的房子，或是忽而彎繞、忽而筆直的細長道路，蛇行接續在起伏的山腳邊坡，我讓觀景窗不停地應著卡擦聲截下畫面。

判斷的速度稍緩幾秒，就得按下耳機的通話鈕，請機長再繞一圈，好讓鏡頭在最恰當的位置緩慢通過，也使得我可以適時按下快門，讓這個剎那變為永恆，並與所有人共享視野

中的街景變幻、聚落分布與地勢河流的形線等等。

反覆經歷這樣的一幕幕，熟悉的起飛流程，熟悉的引擎聲，飛奔而來的街景、丘陵……這樣熟悉的知覺底下，卻也隨時有不同的題材應之而來，永遠有新鮮的印象造型，不斷刷新上一次的記憶。不管是曾經用車、用腳走過的地方，或是從其他圖片讀取而來的視覺印象，改變高度或不同的陽光射角，晨午的差異，潮汐所帶來的河水水位高低與砂洲造型的推移……新鮮的畫面一直在觀景窗裡輪番變化，每一幕場景，間續不斷的拼貼出我對這個大環境的另一組全方位印象。

每回在看片的燈箱上用放大鏡端詳審視彩色正片時，記憶常突然間落入一陣迷惘，眼前的空間結構在邏輯上完全合於印象中的認知，底片上所呈現的造型與生活中的肉覺視象卻是渾然不同而陌生的，又必須一次次的，把人行高度的視覺已知，與拍攝後顯影的鮮活影像，重新連結，讓陌生造型與記憶兩者互相首肯。這樣的視覺心理過程好似人格分裂，自己永遠要不斷的讓內在的兩套心理知覺，不斷的互動以至於妥協。

在飛航的同時，為了取得最好攝影條件而卸下機門，那種無障礙、無遮掩的空間，疾風裡有時彷彿感覺自己奮力展翅；有時彷彿伸手可觸及山脈的稜線；可捧一朵

大屯火山群（1996/08）

飛翔的雲氣。原來在地面上經常目觸的一些不良雜物、不雅觀的廢棄物，到了天空之後都縮小到完全不見了，視線所見僅是令人滿心喜悅的街道造型、河川流景、綠色覆蓋。忘卻了凡世間的小嫌厭，只留大地的貌相。

過去的人生雖然領受不少智者與慈悲宗教家的善言：要小化嫌惡，培養寬人律己等高雅情懷的習慣。在空中攝影的圖像裡，卻如此輕易的得到成果，原來在空中俯瞰大地時，這些人性的願景，剎時得到回報。不可思議的感覺，每每在下飛機後的回家路上繞樑不已。這些觸感與其說它奇妙不已，更可以說就如同與天使出遊是一樣的。

彥霖攝影事務有限公司　製作總監

淡水（1998/07）

# 空照圖打開了地質學的視野

社子島（1992/08）

地質學家很少有機會從那麼高的地方來看這麼大尺度的地形，我們一般接觸到的照片大都是在地面上拍的。

透過陳敏明的空照圖，視野不自覺的擴大了，我看到了一個比較完整的地形，這種感覺是以前比較缺乏的。在看這些空照圖的過程裡，讓我湧現出許多不同的想法與畫面——

## 空中看立體地貌

通常我們都是由平面的地圖或地質圖來判讀，往往不易看出真正的立體形貌，因此有很多地方只好用推想的。如果地質學家也能坐直昇機上去調查，我相信會有很多不同於來自地面所看到的想法和感覺。也就是說，以前你看的只是一個面，由一個面是沒有辦法看到一個真正的地貌的；直昇機則讓你看到的是一個立體的地貌，這對地質學家的野外調查工作是很重要的。

例如，在北部海岸，我們只知道野柳岬（見下圖）是凸出的，可是到底多凸出來呢？從空照圖一看，才恍然竟是這麼凸出！那種感覺，非常不一樣。

野柳岬（1996/08）

## 空中看自然與人類活動

我們經常在研究「第四紀」地質，也就是有人類以來的地質，和人類的活動有十分密切的關係。想要看出過去到現代的自然環境與人類的關係，從空照圖的角度來看是最好而且最恰當的。

例如，社子島（見右圖）這張，很明顯的，社子島是一個還在形成的河口砂洲，變動較大，還會再移動。而人類為了居住，就築上圍堤，以為把它固定住了，其實不然。自然界的變化有時候是超出我們想像的。大自然變動的週期往往超出人類的壽命，有很多事是人類以有限生命所無法預見的。如果我們更了解大自然的地質結構，就不會居住在像社子島這種環境。

同樣的，兩、三千年前，我們的老祖宗一定不會選擇住在到處是沼澤的台北盆地中，所選擇的地區會是蚊蟲少的八里海邊，或是盆地邊緣的山丘，如圓山、芝山岩等高出河面的地方，不但不怕洪水氾濫，也比較容易防衛。

## 空中看現代台北

現在台北盆地到處都是房子，發展實在太快了，人口一下子通通湧進來。以前聚落市鎮是沿著淡水河的河邊開始發展的。而現在土地最貴的信義計畫區，在那個時候是沒有人敢住進來的。早期的人所選擇居住的地方，絕對與環境有密切關係。

而今天在蓋滿水泥房子的台北盆地，我們已找不出自然變遷的軌跡了。由空中看來，台北就只剩關渡平原尚未開發，還保留有極多的自然環境。此外，「翡翠水庫」（見下圖）是我印象最深刻的一張——蔚藍的水庫，背後是整個台北市。正說明：整個台北市人的生活就是依靠這一潭水。這十多年來，台北的市民大概已淡忘以前缺水的日子了。沒有翡翠水庫，台北市今天絕對沒辦法變成一個世界的大都市。

透過空中鳥瞰，我相信地質學在自然和人類互動上的解讀，會有更深刻且落實的思考和看法。空照圖為我打開了地質學的一扇窗。

陳文山

台灣大學地質系副教授

翡翠水庫（1997/07）

# 台北空間質感的詩意閱讀

熟悉城市研究與攝影的人都知道,有一類精裝書經常以不同文字出現在許多國家的書店,它們的書名往往就叫「Above xxx」(「空中看倫敦」、「空中看東京」)等,顯然,從空中看城市已成為現代人普遍嚮往的一種「獨特」經驗。

當人們體會到「城市」乃是人造物中最最鉅大的一種時,人們開始用不同方式、從不同角度,看它、說它、閱讀它、書寫它、建構它。於是有城市文學、城市攝影、城市研究、城市評論、城市電影、城市規畫乃至於電腦遊戲中也有「模擬城市」……

## 空中的詩意閱讀

從空中看城市是各種觀看方式中最具詩意的一種。因為距離和角度,空中看到的城市奇妙地轉換出一種獨特的詩意,特別具有感動與啟發能力。此種經驗在台北盆地尤其明顯。

首先,隨著高度上升,經驗逐漸遠離,我們在台北所習慣的擁擠、忙碌、噪音、混亂、氣味乃至塞車的煩燥,倏地全都消失了。其次,高度所帶來的視野,讓我們突然同時看到許多原本不以為相鄰的景物,因而不得不隨時動腦進行拼圖比對。在空中同時看到自然地景與人造的城市;同時看到堤防的裡與外;同時看到兩條三條四條平行的大街路;同時看到截然不同的東區與西區……是一種近乎全視的經驗。

再則,空中的經驗顛覆了我們的城市經驗。在空中比較能爭取注意的是尺度特別的東西,特別大、特別長、特別高、特別整齊、特別多而重複的,譬如大片空地、樹林、連棟的廠房、摩天大樓、高架道路等;然而,這些卻是地面經驗中較少注意的。於是,原本熟悉的元素模糊了,陌生的元素卻醒目起來,空間經驗逼得我們仔細蒐尋記憶的角落,重新組構可能的線索,宛如寫詩時對字句的再三斟酌……

## 空中看台北空間質感

在這樣的詩意經驗中,我們看到什麼樣的台北?有一回,我們把三十幾張被挑選作為跨頁大圖的照片並列在牆上,遠遠地看它們。這時,我們再一次用「距離」重新組構了這些有距離的城市構圖,這時我想起城市規畫者常用的一種技術──「空間質感分析」。一幅幅從不同地區拍攝的照片就是一件件空間質感的樣本,將它們並排在一起時,我們得到台北盆地的整體空間質感。

大台北的空間質感有何特徵?首先可以發現,台北其實蠻綠的。半數以上的照片都有大片的綠,不論是關渡平原、丘陵、山區或海口,大多數都仍然是自然的、翠綠的。人造的城市其實只佔了一小部分,但卻是非常極端地缺乏綠意的,兩者形成強烈對比。

淡水 (1996/07)

其次,城市本身的質感十分單調乾枯,缺乏區域特色。除了市中心與外圍地區可以看出彼此間發展強度的差別外,分處東南西北的外圍地區則難以分辨各自的特色。密度、形式、色調都一致地向外蔓延,若不是有自然地景元素作為線索,其實很難指認出個別的地區,這在台北縣尤其明顯。

第三,台北的空間質感也缺乏時間的痕跡。從空中幾乎看不出老城區與新市區的差別,除了信義計畫區以獨特的形式突現出來之外,其餘的部分原本應有50年以上的時間差距,但在紛雜的屋頂質感中,這類時間痕跡都消失了。大同、萬華等老市區與三重、板橋並無不同。

汐止 (1998/08)

第四,台北的空間質感顯露出城市發展的失控。人造物十分霸氣地侵略自然,高密度住宅毫無節制地侵向山坡地,鑿山劃坡造出大片社區,汐止(見上圖)的經驗最是驚人。怵目的影像讓我們看到城市規畫專業的無能與無力。

最後,詩意的閱讀中也勾出若干遺憾。遺憾之一是多河的盆地有許多橋,原本可以創造許多風格獨特的橋樑造型,提供動人的過河經驗,可惜我們沒有。遺憾之二是穿過城市的鐵路,原本可以是一條觀覽城市的詩意線條(如同在捷運淡水線市郊段所經驗的),但它一段段沒入地下之後,人們既沒有過橋的感覺,也失去進城的經驗了。遺憾之三是缺少夜間經驗,華燈初上的夜間城市尤其可以突顯城市作為鉅型人造物的奇妙特質。

參與這部書的製作,不僅可以在諸多空照中悠遊閱讀這塊土地,更多時候是抱著「經營城市認同感」的心情在參與的。城市作為閱讀、觀看的對象,在台灣方興未艾,這本書的出版勢必成為台北人參與城市認同工程的重要工具。

更有趣的是,在台北捷運路網正逐步形成的今天,它適時地提供了一種有距離的真實經驗,為即將鑽營於地下鐵的網路中、少有機會認識地面城市的新一代台北人「保存」一種真實存在的都市經驗。只不知這種「鳥瞰」的景觀,對於未來習慣於地下生活的「忍者龜」們會是什麼意義?就這點而言,我們彷彿做的是博物館的工作呢!

淡江大學建築系副教授

# 空中擷取歷史訊息

回顧這一年來參與《大台北空中散步》一書照片解讀、撰稿工作，從摸索到得趣的經驗，眞是萬般滋味，頗值細細咀嚼。

當初要在眾多空照圖中，挑選可以從各種角度解讀的片子時，我們就發現學科背景的不同，充分反映在選片的標準和結果上；即使都是以人群活動爲主要目標的「歷史」和「都市計畫」，兩者也是同中有異、各有焦點。

## 空中看歷史舞台

乍看之下，有人的地方、布滿房子的空間，似乎就是歷史學者想要解讀的地方，因爲這是人類主要的活動場所。然而，今日景象所能回溯的時間深度有限，歷史上的地景多已面目全非。例如台北盆地，今日固然屋舍高樓相連，但回到清代或日治時期，不少地方卻是連綿廣闊的田園；郊區或都市化較慢的鄉村地區，由於地形和聚落的相互關係仍然明顯，聚落輪廓也還大致存在，反而具有「從視覺推知歷史景象」的解說要素。因此，地形、地貌與人群聚居關係鮮明清晰，而呈顯豐富歷史訊息的照片，往往令人印象深刻。

例如，有一張「關渡」（見下圖）地區的照片，雖然記錄的是20世紀末的今日地景，然而如果拿它跟繪製於明治37（1904）年的「台灣堡圖」對照，我們很容易就發現兩者之間的連續性：北投市街沿著大屯火山群山麓和淡水線車道呈弧形分布，大度路的前身和今天一樣橫越關渡平原，兩側的翠綠原野也大致依舊；主要的不同，則在高樓大廈已經越過關渡山、逐漸蠶食關渡平原的一角。當然，百年來人群聚居的方式與內涵早已變化劇烈；但是，從空中鳥瞰，關渡地景仍與歷史景象互相呼應。

這種經驗，和我們面對「古蹟」類歷史

關渡平原（1996/08）

圖騰所產生的歷史感是相當不同的。我們對古蹟或歷史訊息的定義或感受，往往必須非常接近，不是要進入廟宇、看到碑匾，就是要走進現場，才能夠對著那些歷史遺存、人工建物說：「這是一級古蹟、這是乾隆年間蓋的廟，這就是歷史。」但是，當我們從空中鳥瞰的時候，這些個別的古蹟大部分被吞沒了、完全看不到了。這時，往往需要仰靠明顯的地標，如河道、山丘、灣澳等景物，來幫我們抓住歷史訊息；如此而來的歷史體會，也相當不同於處身其中的感受。這種俯看大台北地區、擷取歷史訊息的經驗，是讓我們重新思考何謂「古蹟」一個很好的機會。

台灣的歷史太斷裂、變動太快速，幾乎每個時代的歷史都很難在地表上保留和呈現出來。以台北盆地爲例，變化就相當劇烈。這種情形，主要是因爲我們過去在經營居住、活動的空間時，從來不曾從空間的角度去思考，怎樣從空中、從地景也能保留歷史的訊息。所以，在發展過程中會盡量去剷除破舊的事物，變化越快越好、越新越好，從沒想過「美」是什麼？置身其中、從平面看的美是什麼？俯瞰其上，從空中看的美是什麼？而歷史感又如何蘊存在美當中？因此，空照圖的解讀過程，開啟了我對「歷史記憶和地景」關係的思索興趣。

## 空中看人群活動

由於解讀的照片內容都是我們生活其中的景物，這些照片遂提供一種認識居住空間與人群活動新鮮有趣的方式。例如一張從基隆河中段往基隆港方向拍出去的照片（見右上圖），就相當有意思——

在清代文獻中，基隆河八堵、暖暖一帶曾經是北海岸大鷄籠社、金包里社、三貂

基隆河中上游（1996/07）

社和基隆河士林段毛少翁社的共有土地；如果我們只是藉由歷史文獻或地圖的比對，可能會很疑惑北海岸的原住民村落，怎麼會和基隆河下游的住民聯合共有這塊丘陵山區的谷地？但從這張照片我們可以看到，基隆港這邊的原住民只要翻個山頭就過來了，兩地的距離好近。如果進一步探討，不免會想到：17世紀時，馬賽人的分布空間還侷限在北海岸；20世紀初語言學家調查的時候，基隆河流域卻已經馬賽化了，人們講的都是馬賽語，所以20世紀的語言學家把基隆河流域也畫入馬賽人的分布空間。從這張照片來看，馬賽文化或語言的影響力，不一定只能從台北盆地的淡水河口進來，也可以從中游切進來，滲透基隆河上游流域的原住民村落。如果沒有這張照片，就好像很難解釋這種可能性。

當我們興緻盎然的按圖索驥、指點熟悉景物，以判讀自身方位、周邊關係時，我們原有的空間觀就在不知不覺間改變了。空中看大台北，將我們對空間的瞭解或感受立體化起來；許多原本以爲沒有關係的事物，也會在不同的空間觀照中，產生新的意義。

中研院台史所籌備處助研究員

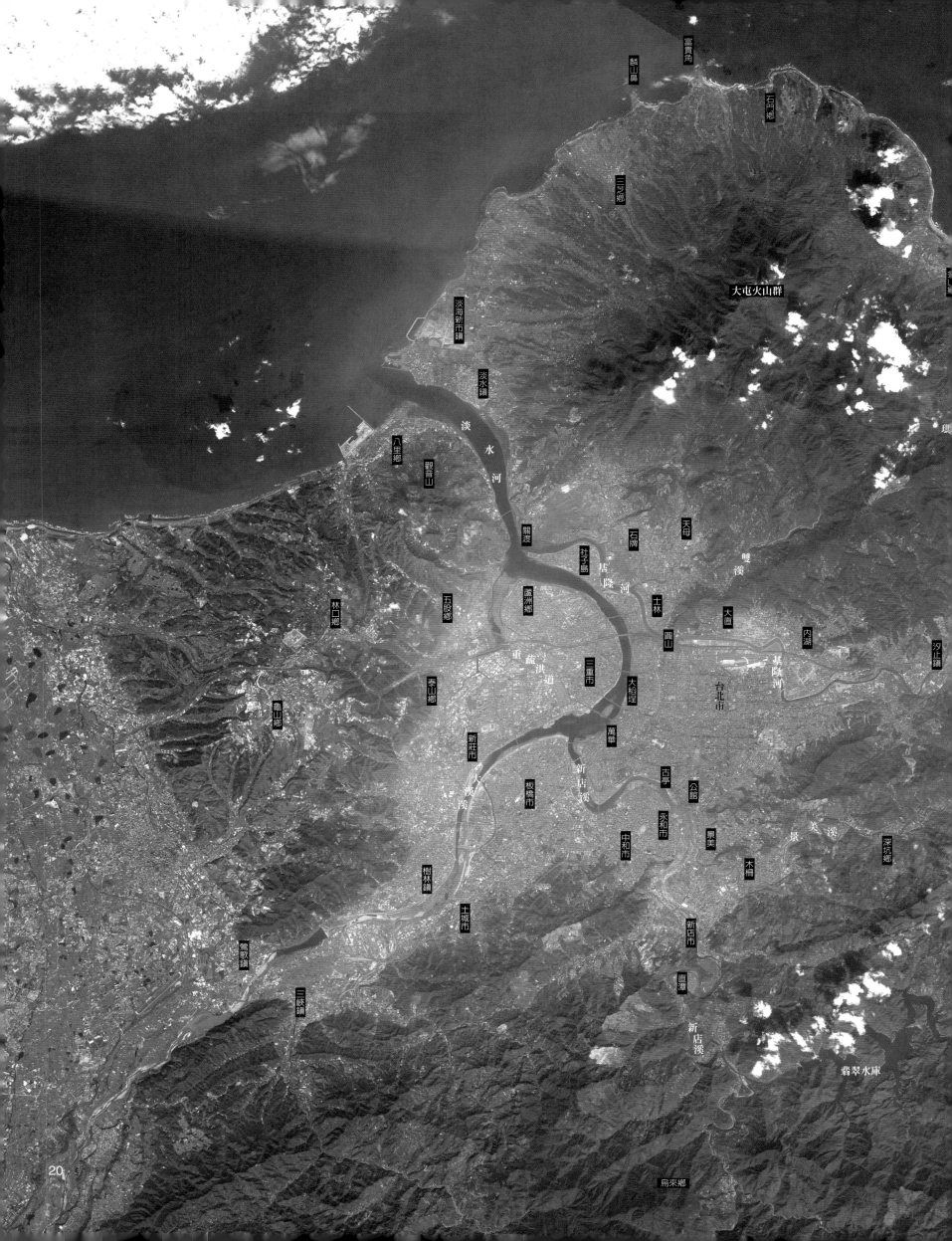

富貴角

麟山鼻

石門鄉

三芝鄉

大屯火山群

淡海新市鎮

淡水鎮

淡水河

八里鄉

觀音山

關渡

天母

雙溪

石牌

社子島

蘆洲鄉

土林

圓山

大直

內湖

林口鄉

五股鄉

重疏洪道

三重市

大稻埕

台北市

基隆河

汐止鎮

泰山鄉

萬華

龜山鄉

新莊市

新店溪

古亭

公館

景美溪

深坑鄉

板橋市

中和市

永和市

景美

木柵

樹林鎮

大漢溪

土城市

新店市

鶯歌鎮

直潭

三峽鎮

新店溪

翡翠水庫

烏來鄉

## 大台北衛星圖

　　從太空拍攝的衛星圖像，將大台北地區豐富多變的地形景觀，展露無遺。

　　臨海是曲折動人的灣澳岬角；北方有大屯火山群巍然矗立；越過淡水河，西方是峻美的觀音山和崖谷分明的林口台地；東南方的丘陵山區，陵脈壯觀懾人；在四周群山環繞下，溪流縱橫的台北盆地悠然開展……眞是令人讚歎心折的一片好山好水！

野柳岬

和平島

八斗子

基隆港

基隆市

深澳灣

水湳洞

鼻頭角

八堵

龍洞

瑞芳鎮

暖暖

九份

金瓜石

五堵

基隆河

澳底

鹽寮

貢寮鄉

福隆

平溪鄉

雙溪鄉

卯澳

三貂角

石碇鄉

坪林鄉

乌溪

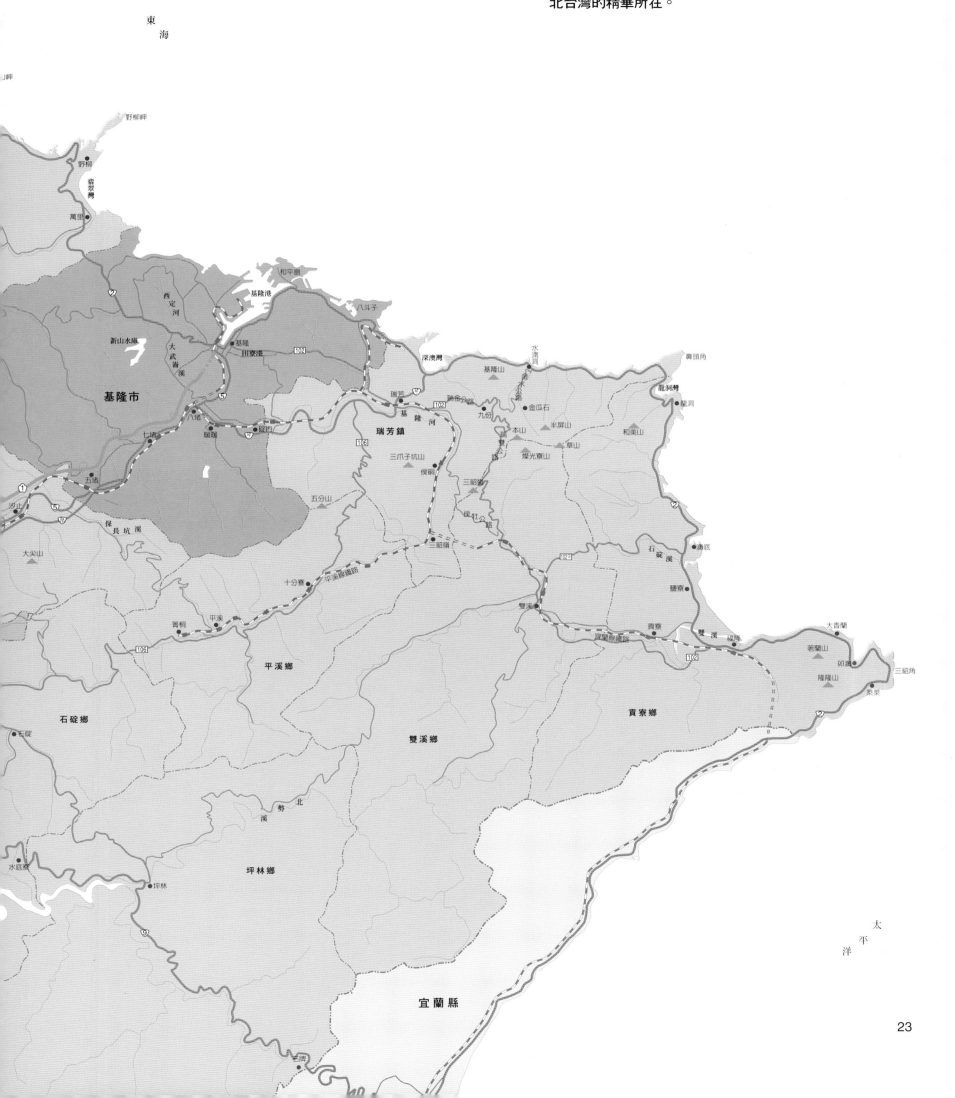

# 大台北空中散步地圖

大台北空中散步的主要導覽範圍，涵蓋了今天的台北市、基隆市以及台北縣的大部分區域，是北台灣的精華所在。

東海

野柳岬

野柳
翡翠灣
萬里

和平島
基隆港
八斗子
西定河
基隆
田寮港
深澳灣
水湳洞
鼻頭角
基隆山
金瓜石
龍洞灣
龍洞
新山水庫
大武崙溪
瑞芳
瑞金公路
基隆市
九份
金瓜石
半屏山
八堵
七堵
暖暖
碇內
基隆河
瑞芳鎮
本山
和美山
五堵
三爪子坑山
侯硐
草山
汐止
保長坑溪
燦光寮山
三貂嶺
侯牡公路
石碇溪
澳底
大尖山
五分山
鹽寮
十分寮
平溪線鐵路
雙溪
貢寮
大香蘭
菁桐
平溪
三貂嶺
宜蘭線鐵路
雙溪
福隆
荖蘭山
卯澳
三貂角
平溪鄉
隆隆山
萊萊
石碇鄉
雙溪鄉
貢寮鄉
石碇
北
勢
溪
水底寮
坪林鄉
坪林
太平洋
宜蘭縣

23

# 【編輯體例說明】

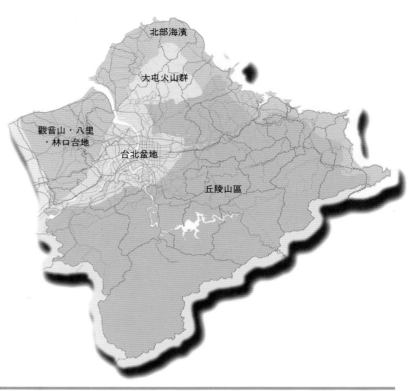

- 本書收錄空中攝影家陳敏明先生於直昇機上所拍攝的大台北地區空照圖,共262張,張張震撼動人。
- 本書空照圖拍攝年代,從1989年至1999年,翔實記錄此十年間,大台北地區自然與人文地景的變化,提供最眞實的土地見證。
- 本書由陳文山、曾旭正、詹素娟三位不同領域專家,分別就自然地形、都市規畫與歷史發展等角度,深入解讀每張空照圖內容。
- 本書所指的「大台北」地區,主要包含目前行政區畫上的台北市、基隆市和台北縣的大部分範圍。
- 本書架構清晰完整,第26頁至第39頁爲【台北盆地形成史】、【台北人的故事】與【空中看台北的十二大特色】三章,針對大台北地區的自然、人文背景與空中鳥瞰台北的特點,作一番全面性說明。第40頁至第211頁依大台北地理區位,分成【北部海濱】、【大屯火山群】、【台北盆地】、【丘陵山區】和【觀音山・八里・林口台地】五大區域(見右圖),逐區逐站進行空中導覽,是全書精采的重點所在。
- 每一處導覽站點,均以空照圖爲主,配合地圖與辨識圖,一一標示出空照圖的主要範圍、拍攝方向與重要地標;並以精采文字及大量手繪圖深入解說各地景觀。

## 1.台北盆地形成史

分成8個步驟,告訴你台北爲何會是現在的模樣?以彩繪大圖配合空照圖,娓娓述說6,500萬年前至今,整個大台北地區高潮迭起的形成歷程。

## 2.台北人的故事

分成8個歷史階段,從7,000年前史前人類在台北盆地出現、活動,歷經西荷外人競逐、漢人入墾、日本殖民統治,到今天大台北都會圈的形成……搭配空照圖,進行一趟台北歷史長河之旅。

## 3.空中看台北的十二大特色

飛上高空,拉開距離,俯瞰首善之區的台北,是一種新奇而震撼的經驗,在高空可看到許多地面上無法看到的景象,令人有恍然了悟的體驗。

本單元特別歸納出空中看台北的十二大特色,從山川、河流、海岸到聚落、建築、交通……帶你體驗不一樣的台北。

# 4.空中導覽

　全書依地理區位，將大台北地區分成五大區域，共36個站點。除【大屯火山群】外，每個站點4頁，前2頁爲該地代表性的「跨頁空照圖」與導覽文字，後2頁爲詳細深入的圖解說明。

　閱讀時，可先查閱每個區域的圖像目錄，再依頁碼指示翻到所指站點，進入該站點精采的內容解讀。

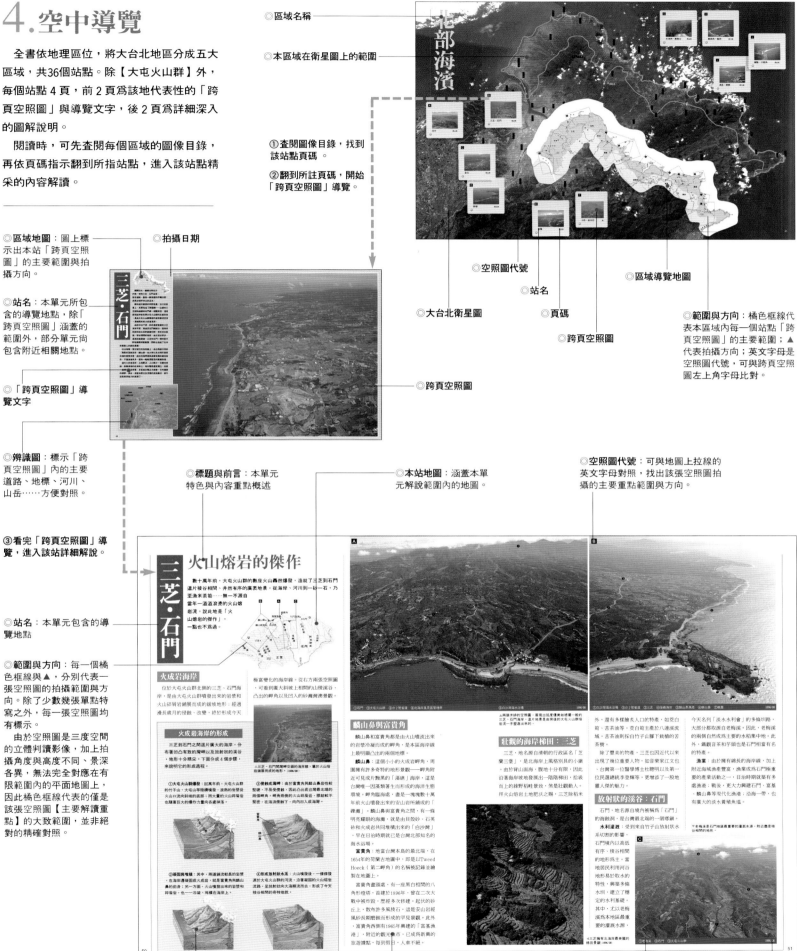

◎區域名稱

◎本區域在衛星圖上的範圍

①查閱圖像目錄，找到該站點頁碼。

②翻到所註頁碼，開始「跨頁空照圖」導覽。

◎空照圖代號

◎站名

◎大台北衛星圖

◎跨頁空照圖

◎區域導覽地圖

◎頁碼

◎範圍與方向：橘色框線代表本區域內每一個站點「跨頁空照圖」的主要範圍；▲代表拍攝方向；英文字母是空照圖代號，可與跨頁空照圖左上角字母比對。

◎區域地圖：圖上標示出本站「跨頁空照圖」的主要範圍與拍攝方向。

◎拍攝日期

◎站名：本單元所包含的導覽地點，除「跨頁空照圖」涵蓋的範圍外，部分單元尚包含附近相關地點。

◎「跨頁空照圖」導覽文字

◎辨識圖：標示「跨頁空照圖」內的主要道路、地標、河川、山岳……方便對照。

③看完「跨頁空照圖」導覽，進入該站詳細解說。

◎站名：本單元包含的導覽地點

◎範圍與方向：每一個橘色框線與▲，分別代表一張空照圖的拍攝範圍與方向。除了少數幾張單點特寫之外，每一張空照圖均有標示。

　由於空照圖是三度空間的立體判讀影像，加上拍攝角度與高度不同、景深各異，無法完全對應在有限範圍內的平面地圖上，因此橘色框線代表的僅是該張空照圖【主要解讀重點】的大致範圍，並非絕對的精確對照。

◎標題與前言：本單元特色與內容重點概述

◎本站地圖：涵蓋本單元解說範圍內的地圖。

◎空照圖代號：可與地圖上拉線的英文字母對照，找出該張空照圖拍攝的主要重點範圍與方向。

## 火山熔岩的傑作

### 三芝・石門

◎解說圖：精緻的手繪圖配合文字，詳細說明每一處地景的成因與奧祕。

◎解讀文字：針對地質地形、歷史聚落與都市開發作深入說明。

◎註記：與空照圖上所標示的號碼相互對照，可立即辨識出空照圖上的河川、山岳、道路、建築、設施等重要地標。

◎拍攝日期

# 台北盆地形成史

華南古陸塊

台灣沈積的位置

老地層

北濱的龍洞是數千萬年前的老地層　1994/08

## 1 堆積老地層

六千五百萬至六百萬年前

北台灣的形成故事，可以遠溯至 6,500 萬年前……

那個時候，別說是台北，整個台灣島都還只是海底淺平的大陸棚的一部分。

在這片淺平的大陸棚上，下陷了好幾個「海底盆地」，沈積著華南古陸塊的河流所沖刷下來的大量泥砂，厚度達數千公尺。

## 2 拱出丘陵山區

六百萬年前

北台灣最早露出海水面的，竟是一片高低起伏的丘陵山區……

600 萬年前，「菲律賓海板塊」猛烈推擠「歐亞大陸板塊」，爆發一次驚天動地的「造山運動」──海底盆地內沈積的厚層泥砂被推擠隆起、露出海面，形成一道道山脈來，台灣島的雛形於焉誕生。

其中，「雪山山脈」和「西部麓山帶」的北端，便形成當時的北台灣──一片高低不平的丘陵山區。這片丘陵山區因為受到強力擠壓，地殼因此裂出許多大大小小的斷層。

丘陵山區

台北盆地東側的平溪山區　1998/07

受板塊擠壓與斷層影響而形成的五指山　1996/07

# 3 二百萬年前 爆發大屯火山群 與基隆火山群

接著更精采了，北台灣竟天崩地裂的爆出一座座火山來，火焰般的岩漿，向四周漫流……

約200萬年前，由於菲律賓海板塊隱沒到歐亞大陸板塊底下，被高溫融熔成岩漿。岩漿沿著地殼中的裂隙湧竄而出，引發一連串大規模的火山噴發，一直持續到20多萬年前才停止。今天的「大屯火山群」、「基隆火山群」都是當時留下來的傑作。

約100萬年前，在火山忙著噴發的同時，古新店溪悄悄由東向西切穿丘陵山區，在今天林口一帶由源溪水沖刷下來的礫石和泥砂，便在西側靠海口堆積成「林口沖積扇」，是今天林口台地的前身。

林口沖積扇

大屯火山群

丘陵山區

古新店溪

大屯火山群是200萬年前火山爆發的傑作　1996/07

# 4 六十萬年前 爆發觀音山

在大屯火山群熱鬧非凡的一座接一座噴發時，另一邊的林口沖積扇也沒閒著，觀音火山不甘示弱的也爆開來了……

約60萬年前，同樣由於菲律賓海板塊的隱沒，岩漿再度在靠西側的林口沖積扇上噴綻出來，這次規模較小，形成今天的「觀音山」。

觀音山

大屯火山群

林口沖積扇

丘陵山區

峻秀的觀音山也是一座火山　1995/08

# 5 五十萬年前 形成台北盆地 和林口台地

不可思議的，這片丘陵山區竟逐漸陷落……

由於兩塊板塊的擠壓力量消失，轉而形成一股張裂力量，使得台北東側的丘陵向下滑落，形成凹陷的「台北盆地」；而西側的沖積扇卻相對抬高成「林口台地」。

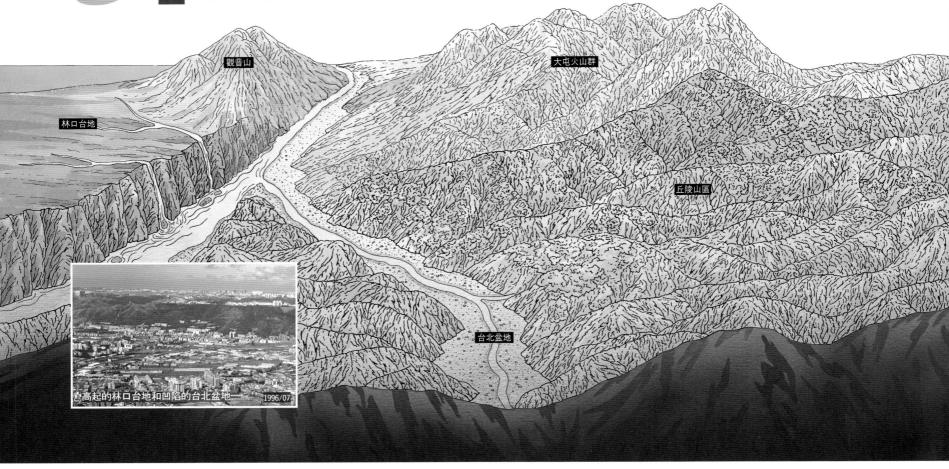

観音山　大屯火山群　林口台地　丘陵山區　台北盆地

高起的林口台地和凹陷的台北盆地　1996/07

# 6 三萬年前 形成 淡水河系

陷落後的台北盆地，竟開始向周圍的河流展開襲奪的行動！

因為地勢變低了，因此原本各自獨流出海的古新店溪、古大漢溪與古基隆河，紛紛被襲奪過來，改道流往低平的盆地。

最後，3條河流匯流成今天的淡水河系，而各河流沖刷下來的泥沙，也逐漸在盆地堆積。

観音山　大屯火山群　林口台地　丘陵山區

新店溪與大漢溪在萬華一帶匯合成淡水河 1994/08　基隆河流經圓山，在關渡注入淡水河　1999/05

# 7 淹成台北湖

一萬多年前

無法想像，台北盆地竟變成一個大湖泊！

約1萬年前，由於全球氣溫上升，兩極的冰大量熔化，造成海水面上升，於是海水由今天關渡一帶湧進來，加上大漢溪、基隆河和新店溪仍源源不絕的注入，台北盆地竟成了一個半鹹水湖，邊緣露出的丘陵山區，便成了台北史前人類活動的場域。

觀音山

大屯火山群

林口台地

台北湖

丘陵山區

圓山在台北湖時代是史前人的住所　　1995/07

# 8 豐富多變的地形

今天

大屯火山群

北部海濱

觀音山

基隆河

淡水河

林口台地

台北盆地

大漢溪　新店溪

丘陵山區

海水退去，台北盆地又露出……

北台灣的形成真是高潮迭起、令人目不暇給！6,000多萬年來，歷經各式各樣的戲劇性大變化，終於有了今天的地貌。

由衛星圖來看，可以清清楚楚看出整個北台灣的地理形勢——中心是個三角形盆地，三面被東北方大屯火山群、西方觀音山、林口台地和東南方的丘陵山區包圍。而淡水河系三大支流，縱橫流過台北盆地，最後由淡水出海。有山有河，又面海，這就是我們生活其上的美麗大地！

大台北的地形景觀豐富多變　　1996/08

# 台北人的故事

有山有水有平原的台北，早在7,000多年前就有史前人類聚居。 1997/07

## 2 台北原住民

一千八百至四百年前

17世紀以前，活躍在北台灣的住民，是屬於南島語族、馬來玻利尼西亞文化的人群——台灣原住民族的馬賽人、雷朗人與龜崙人；今天的學術分類，統稱他們爲「凱達格蘭族」。這群過著漁獵、採集生活，以游耕方式種植薯、芋等作物的原住民，曾經散居在北海岸到東北角沿岸、淡水河各支流的水涯邊，以及大屯火山群、觀音山山麓、八里平原，一直到龜崙嶺、南崁溪流域等地；形成一個個大小不一的村落，每村人口自一、二十人到三、四百人都有。

近代以來，台北的丘陵山區則是「泰雅族」的活動領域。無論是習稱的平埔族群或高山族群，他們與土地的關係及對土地的利用，大體上都依循各地域的自然生態系，維持著土地的原始風貌。

因此，這些原住民的生計方式，呈現出相當多元的樣態。如北濱地區的馬賽人，是以海爲路、擅長貿易、擁有工匠技術的族群；金包里社和北投社人，掌握大屯火山群的硫磺生產與貿易交換；台北盆地內的村落，則瀕鄰淡水河系三大溪流分布，操划獨木舟泛行於水上；而居住在溪谷階地上的龜崙人，則是活躍山林的族群。

淡水早期是北台灣開向世界的重要窗口 1996/08

地勢險要的基隆先後歷經西班牙、荷蘭人的統治 1996/08

## 4 漢民開墾與聚落建立

十七至十八世紀

漢人在北部地區較大規模的進墾活動，始於清廷領台後的康熙年間。自此之後直到乾隆末期，漢人的入墾勢力即逐一蠶食大台北適於轉作水田的地區，各項水利灌溉設施也逐漸完成、運作。

隨著移民人口流入與台北水田化的趨勢，漢人的街莊聚落也快速建立。到了咸、同年間，漢人聚落的踪跡不但已擴展到新店溪、基隆河及大漢溪中、上游流域，連北海岸及東北角的丘陵山區，也爲漢人聚落所進據。八里坌、新莊、艋舺等幾個古老市街，多因淡水河運或貨運出口的交通機能，在18世紀間成形並興盛繁榮起來。

主要來自泉、漳兩府的漢人移民，在進入北台灣後紛紛建莊定居：有的從淡水河口上溯，沿著基隆河、新店溪、大漢溪流域，分散在台北盆地四周；有的在北濱地區與原住民村落比鄰而居；有的則深入丘陵山區探礦、植茶與開山。漢人生產型態的水田化景觀，夾雜農村與街莊，遂成爲清代以來北台灣的地景特色。

# 1 台北史前人

七千至一千八百年前

北台灣在距今約 7,000 年前，就已經有人類居住與活動了。目前已經發現 100 多處史前遺址。在時間階段上，它們分屬於舊石器時代晚期，新石器時代早、中、晚期和金屬器時代。包含的文化類型則有：長濱文化、大坌坑文化、老崩山系統文化、圓山文化、芝山岩文化、植物園文化、土地公山系統文化與十三行文化。

台北盆地的遺址，多分布在盆邊周緣的山坡或小丘上，少數出現在低平地區；這顯然和地形史上「台北湖」的存在有關。由於海水的入侵，當時的台北盆地形成湖泊，人們不但環湖居住，也在湖邊撈食貝類；所以，出土的遺物中，以貝塚最具代表性。八里到北濱地區的遺址，則多分布在山麓緩坡、河流階地、熔岩台地或海階、砂丘上。

依照出土的陶器、石器和骨器等遺物來看，當時人類的生計活動以漁獵為主，並開始有粗放式的農業，也懂得採集野果、種子等做為食物，還大量使用植物纖維。

圓山文化的雙口陶罐

北濱昔日是原住民馬賽人的天下 (1994/08)

大屯火山群的硫磺礦昔日由原住民金包里社和北投社掌控　1996/07

觀音山山麓和八里曾是八里坌社的勢力範圍　1996/07

# 3 外人競逐與歸屬清國

十七世紀中

台灣島由於地理位置特殊，在近代世界來臨時，就被亞洲海域的貿易競爭勢力拱上世界歷史的舞台，從此成為中國、日本及西方國家注目的地區。

17世紀初葉，活躍在東亞海域的幾個貿易集團，將台灣島當作貨物轉運中心。此時的北台灣不但是日本、荷蘭、西班牙等國相互競逐的焦點；基隆、淡水兩地，更是當時台灣開向世界的窗口。

1624年，荷蘭人登陸台灣西南部的大員地區，開始對台灣的統治；西班牙人遂於1626年進入北台灣的良港基隆。1642年，荷蘭人驅逐西班牙人、佔據他們的城堡與工事，直到荷蘭人自己也在1662年遭鄭成功逐出台灣。

漢人在16世紀前，即已到北台灣和原住民交易砂金、鹿皮等物。17世紀初期，開始出現漢人開墾的田園與形成的聚落。在經過明鄭的短暫更迭後，北台灣隨著政治情勢的改變，成為清帝國版圖的一部分，也成為中國福建、廣東兩省移民的海外新天地。

18世紀以來，漢人建立的聚落遍及台北盆地各處及周圍山區。　1998/07

# 5 開港、水運 與市鎮發展

十九世紀中

清咸豐10（1860）年，因天津、北京條約的協定開港，台灣的貿易對象，由原來的中國、日本與南洋，擴大至全世界。原為出口大宗的米，因新關市場的需要，逐漸被茶、糖、樟腦取代，三者成為台灣最重要的出口商品。

大稻埕老碼頭

來自北台灣各地的人們一波波湧入長有茂盛樟樹林或適於植茶的中海拔丘陵山區。

為了集散物產，淡水河系各支流的水路要站，如三峽、深坑、石碇、士林、汐止等都應運而興；不但以本身為基點吸納周邊地區的物產，並透過水運與淡水港或其他河系的街市互通有無，成為重要的河港街市。

由於淡水港為國際通商口岸，大稻埕的貿易也被納入世界體系，促成茶、樟腦等經濟作物生產與交換的國際化。大稻埕逐漸超越淡水河港格局，成為一個現代化的商埠，也奠定了大稻埕商業長期繁盛的基礎。

—從清代到日治，台北城一直是台灣的政經中心。　1999/05

基隆港是日本殖民政府在台灣的重要建設之一　1997/09

# 7 都市規畫 的新章

二十世紀中

二次大戰後的十年是台北變動最大的一段時期。首先是日本人離開，國民政府來台接收，城市裡的人口組成在短時間內產生大幅度的變動。但1947年「二二八事件」所展開的一系列政治肅清行動，卻使得城市空間出奇地平靜，十數年中都沒有明顯的建設或變化，依然維持日治末期的舊觀。

1960年代是台北再一次大變動的時期，人口數量與人口組成因為大量城鄉移民湧入而產生明顯變化。工業區與住宅區蔓生，城市裡的環境問題顯得十分嚴重，台北市區和對河的三重、永和都面臨相似的問題。

1967年，台北市改制為院轄市，行政界線以新店溪、大漢溪和淡水河為界。這一畫分，造成台北縣、市雖然僅僅一水之隔，卻擁有截然不同的行政資源，公共建設品質因此有天壤之別；同時也埋下日後以河為邊緣，忽略它、糟蹋它，進而遠離它的態度。

早期沿河而興的台北，今日的都會圈範圍不斷擴大，加上快速便捷的交通網路、嶄新的都市規畫，將帶領這個全台最大都會邁向新的紀元。　1998/07

19世紀末，淡水河日漸淤塞，通往基隆的鐵路則適時完成，北台灣對外的交通、貿易管道，轉移到條件良好的基隆港，盛極一時的沿河市鎮，遂慢慢沒落了。

深坑、石碇一帶過去曾是水運要站 1998/07

19世紀淡水開港後，大稻埕躍升為現代化的國際港埠。 1999/05

# 6 二十世紀初 殖民統治與近代化

清光緒11年（1885），台灣建省，劉銘傳是首任巡撫，台北府成為省會所在。大台北地區從此邁向政治、文教與經濟高度發展的方向。

1895年，日本取得台灣後，延續前朝舊制，將全台統治中樞——台灣總督府——設在台北；由於是政治中心所在，台北地區除維持傳統的生產型態與景觀外，也開始一步步邁向都市化與工業化。

在日本殖民政府統治的過程中，台灣同時經歷了「殖民地化」與「近代化」的雙重歷程；各式各樣的近代制度與設施被一一引進。其中，最具體可見的是鐵路、公路、橋樑、港灣等重要工程的興建：例如縱貫線鐵路的打通台灣南北陸上交通、台北橋的屹立於三重與大稻埕之間、基隆港的長期整建與濬深工程、台北往宜蘭鐵路的興修、煤礦與金銅礦業的發達，以及礦業城市的繁華……而北濱地區的傳統漁作，則轉型為近代式漁業，沿岸各地的新式漁港也陸續被建設起來。

這些變化，一一呈現在地表之上，成為北台灣從傳統漢式農業社會蛻變為近代化國家的見證。

1980年代，台灣開始對國際開放，在金融自由化、國際化等趨勢下，新的服務業、金融業和高科技產業成為經濟明星，跨國的連鎖店陸續進駐台北並由此拓及台灣其他城市。台北市東區在這段時期崛起，不論在城市空間氛圍、建築形式、消費型態、流行符號上，都與傳統的西區形成明顯對比，儼然成為台灣接收國際流行訊息的主要觸角。加上信義副都心的開發，新的規畫觀念和獨步全台的都市設計管制作法，在在突顯東區獨特的城市意象。

永和是戰後新興的移民城市 (1999/05)

信義計畫區代表了台北都市規畫的新想象 1998/07

# 8 今天 大台北都會圈的形成

在台北市東區興起的同時，台北都會區的範圍也持續擴大。到1990年代，盆地內的開發腳步已伸及土城、三峽、新店、淡水、五股……幾乎遍及整個盆地周圍；甚至，擴展至桃園、中壢和新竹一帶。

在都會圈內部，隨著交通路網的逐步完成，加速了人們互動的頻率。而逐漸編成網絡的捷運路線，不僅大幅地消除了距離，更將台北人帶進一個以地下通道為主的城市經驗建構期。隨著人們跨區互動的頻率大幅增加，台北縣、市的行政區隔已開始動搖，不論是用水、河流的整治、工商發展的區位分工、垃圾處理等問題，台北縣、市之間終將打破區隔，進行合作。

如此，或許我們可以樂觀地預期淡水河可能將會清澄，城市空間將會翻轉過來。面向久違了的母親之河，未來的大台北又將是個有山有水的美麗都市！

# 空中看台北的
# 十二大特色

## 群峰環繞的盆地

台北是一個四周高、中間低的盆地，我們每天在盆地內進出，不太容易感覺出其盆地性格。一旦從高空俯瞰，分據北、西、東南各方的大屯火山群、觀音山、林口台地、丘陵山區等，立刻清楚展現。這些山峰與台地，將低窪的台北地區圈繞起來，形成明顯的盆地景觀。

台北盆地西方是林口台地。 1999/07

台北盆地的東南方有丘陵環繞 1998/02

台北是個四面高、中央低的盆地，東北與西北兩側分別有大屯火山群、觀音山屏障。(1999/05)

## 壯闊連綿的丘陵山脈

台北四周山丘環抱，有一座座獨立峻峭的火山，有脈脈相連的壯闊山岳。在地面上，只能看到山脈的一部分，飛上空中後，從每一座山的獨立山形到連綿陵脈的走勢，全都一目瞭然。

壯觀的五指山山脈 1996/07

山勢懾人的基隆火山群 1992/06

峻峭的磺嘴山 1996/08

34 由20餘座火山組成的大屯火山群，氣勢雄偉壯闊。(1999/05)

# 特色 3 蜿蜒流長的淡水河系

台北盆地內溪流縱橫，新店溪、基隆河與大漢溪共同匯流而成的淡水河系，不僅是台北歷史發展的源起，更是供應整個大台北地區用水的生命之河。從空中鳥瞰，每一條河川的流路、特性，上、中、下游的各種河川地形，一一清楚展現。

大漢溪中、下游的流路與濕砂　1994/05

基隆河流經社子島、關渡附近　1999/05

新店溪曲流地形十分發達　1996/09

由大漢溪、新店溪、基隆河匯流而成的淡水河，浩瀚流長，是台北盆地最重要的河流。(1999/05)

# 特色 4 凹凸曲折的海岸灣岬

空中俯瞰的最大優勢就是看得遠、看得多。從淡水到三貂角的綿長海岸線上，砂灘與岩岸交錯、灣澳與岬角相間，呈現出凹凸有致的動人景致。這般曲折的海岸灣岬，唯有從空中俯視，才能看出整體的變化與美妙。

尖凸的野柳岬
1996/08

三芝、石門海岸　1996/08

直伸入海的麟山鼻岬角　1996/06

龍洞、鼻頭角海岸　1998/07

北濱的海岸線上，有許多凹凸的灣澳和岬角。(1994/08)

## 特色 5 醒目突出的地標

大台北地區有許多自然與人文地標，如基隆山、觀音山、大屯火山群、新光大樓、台電大樓、北投和木柵焚化廠的煙囪等。

平常在地面的空曠處、視野較佳處，或從密集建築物的縫隙間，略可瞥見這些地標的身影；一旦飛上高空，這些地標立刻毫無保留的現身，成為辨識方位的最佳景物。

觀音山　　　　　　　　　　新光大樓　　　　　　　　　大屯火山群

| | | | | | |
|---|---|---|---|---|---|
| 基隆山 1998/07 | 觀音山 1995/07 | 新光大樓 1998/07 | 台電大樓 1997/10 | 北投垃圾焚化廠 1999/05 | 木柵垃圾焚化廠 1997/11 |

從空中俯瞰，台北的地標如觀音山、大屯火山群與新光大樓一目瞭然。（1995/08）

## 特色 6 由西往東的都市發展脈絡

台北的都市開發，大致是由緊鄰淡水河的西區逐漸遠離河岸向東發展。今天，在空中可以清楚看到這樣的脈絡：在臨河的舊市區，如艋舺、迪化街、大龍峒等地，房舍大多低矮、老舊；而開發較晚的東區，如仁愛路、敦化南、北路以及信義計畫區等地，嶄新的高樓大廈明顯增多，使用的建材顏色也與老市區截然不同。

古老的西區，房舍較密集、低矮。　1999/05

新興的東區，建築景觀顯得十分氣派新穎。（1996/07）

# 特色 7 同中有異的區域特色

在空中可以跳脫「單點」經驗，進行「區域」性的閱讀。雖然大致而言台北各區的景觀差異不大，但仔細分辨仍可看出若干區域特徵。例如，低度開發的關渡平原和社子島、新穎眩目的信義計畫區、過度密集的三重市，以及住、農、工混雜的新莊、樹林等衛星城。

嶄新耀眼的信義計畫區 1998/07

建築十分壅塞的三重 1996/07

住、農、工混居的新莊地區 1996/07

低度開發的關渡平原，呈現一片遼廣碧綠的景觀。1997/07

# 特色 8 重大的都會工程建設

從早期的河岸堤防、跨河大橋，到大規模國宅、大型公園、快速道路，到河流截彎取直、重畫區等林林總總的重大都市工程建設，一點一滴形塑了今天大台北都會區的面貌。這些獨特的大型元素，在空中最能完整的窺見其全貌。此外，北部海岸線上所闢建的數十座大、小港口，其規模與設施，也唯有從空中看最清楚。

截彎取直後的大佳段基隆河 1997/09

新店的跨河大橋與環河道路 1996/07

佔地遼廣的大安森林公園 1998/08

雙園地區有規模龐大的國宅群、青年公園及多座跨河橋樑 1997/10

# 9 四通八達的交通網路

在高空俯視，大台北地區錯縱複雜的交通幹道一覽無遺。

在空中可以看出，從國道、省道、縣道以至於市區內的道路系統，形形色色的運輸管道之間，是如何的交叉串連，形成今天四通八達的交通網路。同時，也可明顯看到台北都會邊緣的衛星市鎮，如三重、板橋、永和……是如何藉由一座座跨河大橋，與都市核心區緊密相連。

八堵一帶的鐵、公路系統 1998/07

筆直暢達的中山高速公路 1995/07

縱橫的建國高架道與市民大道 1998/07

中山高速公路重慶北路交流道附近的交通網錯綜複雜 (1999/05)

# 10 特殊的軸線和方位關係

在空中可以發現許多地面不易察覺的軸線和方位關係，充滿驚奇與趣味。例如，建國高架道正對著台大醉月湖；仁愛路的東、西兩端分別是台北市政府和總統府，宛如一條政治臍帶；三重、蘆洲大多由農田直接改建為長排的「竹篙式公寓」，因此形成許多長長的平行線；林口與新莊僅僅一丘之隔，卻一高一低位在完全不同的地理區位上。

三重的「竹篙式」公寓 1994/08

建國高架道正對台大醉月湖 1995/07

林口與新莊一高一低的方位 1994/04

仁愛路宛如一條政治軸線，連接東、西兩端的台北市政府和總統府。 (1999/07)

# 11 造型各異的都會建築

許多建築物藉著特殊的配置和格局,來展現其背後所代表的象徵意義,例如,十字造型的醫院、雙十造型的市政府、中軸對稱的國父紀念館、故宮博物院、中山樓……這樣的意涵,唯有從空中才能充分領略出來。還有一些表現設計師風格的建築物,造型十分獨特引人,如世貿中心、國貿大樓等,從空中看最清楚不過了。

三軍總醫院 1997/10

台北市政府 1998/07

故宮博物院 1996/08

信義計畫區 1994/07

中軸對稱、氣宇恢宏的國父紀念館 (1996/08)

# 12 五彩繽紛的屋頂演出

屋頂,唯有從空中看最清楚。原來我們每日進出的水泥叢林建築,其屋頂的形式和顏色也透露出很多訊息哩!通常,加蓋「斜」屋頂的是分層公寓,其中灰色石綿瓦的年代較早,彩色烤漆板的年代較晚。留著「平」屋頂的則是辦公大樓與新型住宅,其中有許多冷卻水塔且面積較大、較方正的是辦公大樓;面積較小的是新的集合住宅。

分層公寓的斜屋頂 1999/05

有水塔的辦公大樓屋頂 1997/07

小型集合住宅的平屋頂 1997/11

從密密麻麻、五彩繽紛的屋頂,可以看出不同的建築年代與型式。 (1999/05)

富貴角

麟山鼻

石門鄉

三芝鄉

大屯火山群

淡海新市鎮

淡水鎮

淡
水
河

八里鄉

關渡

石牌

天

社子島

基隆

蘆洲鄉

重

疏
洪

泰
山
鄉

龜山鄉

新莊市

大漢溪

樹林鎮

土城市

美
溪

新店市

直潭

木柵

**A**

淡水　　　　　　　見44頁

**B**

三芝・石門　　　　見48頁

**C**

金山　　　　　　　見52頁

**D**

野柳　　　　　　　見56頁

**E**

基隆　　　　　　　見60頁

**F**

九份・金瓜石

麟山鼻　富貴角

**B**

三芝　石門

老
梅
溪

金山

大
屯
溪

八
連
溪

竹子山

淡水

圭柔山溪

公司田溪

**A**

淡水

淡
水
河

**G** 水湳洞・基隆山　　見68頁

**H** 鼻頭角・龍洞　　見72頁

**J** 福隆・三貂角　　見80頁

**I** 澳底・鹽寮　　見76頁

金山岬
野柳岬
金山鄉
萬里鄉
瑪鍊溪

和平島
八斗子
基隆港
基隆市
深澳灣
水湳洞
鼻頭角
龍洞

八堵
暖暖
瑞芳鎮
九份
金瓜石
澳底
鹽寮

五堵

基隆河

貢寮鄉
福隆

雙溪鄉

三貂角

北勢溪

坪林鄉

金山岬
野柳岬
**D**
貝寮溪
翠湖
萬里
瑪鍊溪

**E**

和平島
基隆港
八斗子

**F**

**G** 基隆山　水湳洞

**H** 鼻頭角

龍洞

基隆市

瑞芳
宜蘭線鐵路線
九份　金瓜石
本山　草山
雙溪
石錠溪

貢寮

**I** 澳底

**J** 鹽寮
雙溪
福隆
宜蘭線鐵路
三貂角

41

# 北部海濱的特色

本區所指的「北部海濱」，包含淡水河口至三貂角的海岸線，也就是一般習稱的「北海岸」和「東北角」地區。

這段長達100多公里的海岸線，歷經大自然數百萬年的精心雕琢，凹凸多變、曲折動人。除擁有台灣本島最北端的「富貴角」、最東端的「三貂角」與奇絕的「野柳岬」外，還包含了北台灣最大的國際商港、著名的漁港漁村、綿長的砂灘以及壯觀的放射狀溪谷、陰陽海奇景……

近年來，隨著北部濱海公路的通車、風景特定區計畫的執行，北濱，以其獨特的海岸地形與別具一格的人文景觀，迅速發展成熱門的觀光遊憩勝地。

## 精雕細琢的海岸地形

北部海濱包含了北側的「火成岩海岸」和東側的「沈積岩海岸」；在大自然神奇力量的雕造下，形塑出今天千變萬化、美不勝收的風貌。以下就是幾種北濱常見的地形景觀——

**灣岬**：由於斷層通過、岩石軟硬差異、風浪侵蝕等因素，造成北濱凹凹凸凸的海岸線。凹入的地方是「灣澳」，如白沙灣、龍洞灣、卯澳；凸出的地方為「岬角」，例如麟山鼻、富貴角、野柳岬、鼻頭角等等。

**海蝕平台**：臨海岩壁在海水長年拍擊下，被侵蝕崩塌成海蝕平台。野柳、鼻頭角、和平島等處的海蝕平台上，布滿豆腐岩、薑狀石、海蝕溝、海蝕洞……各式各樣千奇百怪的海蝕地形，豐富得令人讚嘆。

**砂灘與砂丘**：溪流帶來的泥砂堆積在出海口，形成綿長的砂灘。潮汐與沿岸流再將泥砂推向內陸，堆成砂丘。較著名的有鹽寮、福隆、白沙灣等。

野柳的海蝕平台上布滿各種奇岩怪石

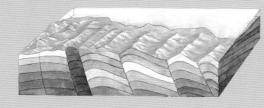

麟山鼻　富貴角　白沙灣　石門　三芝　淡水　淡水河　大屯火山群　金山　野柳岬　翡翠灣　基隆　和平島　八斗子　深澳　九份　金瓜石　水湳洞

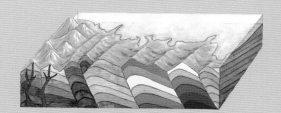

福隆壯觀的砂灘和砂丘
（1992/03）

## 北部海濱的形成

北部海濱先後歷經了地層的堆積、造山運動的推擠、火山岩漿的鋪展和海水的侵蝕等作用，一點一滴累積成今天灣岬相間、豐富多變的地貌。事實上，這分地貌至今仍持續在變化中……

以下就是北部海濱千百萬年來的身世歷程。

**①堆積老地層**：約6,500萬年前，大陸「華南古陸塊」的河流沖刷下來大量泥砂，堆積在今天台灣附近的淺海地區，日積月累，形成北濱古老的「沈積岩」地層。

**②露出海面**：約600萬年前，由於地殼互相推擠，引起劇烈的造山運動，台灣北部由海底被拱起，北濱終於露出海面，地層也被擠裂出許多「斷層」。

**③鋪出火成岩海岸**：約200多萬年前，地底岩漿沿著斷層裂縫向上湧冒，造成大屯火山群噴發。大量的岩漿和碎屑，鋪展在老地層上，形成淡水到金山一帶的「火成岩海岸」，和「沈積岩海岸」區分開來。

**④形成今貌**：海浪長年不斷侵蝕海岸，較軟或斷裂的岩層，被侵蝕凹入成「海灣」，堅硬的岩層則凸出成為「岬角」。北濱曲折多變的風貌，終於被雕塑出來。至今，大自然的雕刻工程，仍持續在進行著。

大屯火山群　火成岩海岸　沈積岩海岸

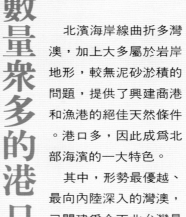

# 蓬勃的濱海遊憩區

觀光化，可說是北部海濱近年來最大的改變。休閒的時代潮流和北濱公路的通車，加上特殊引人的地景、蔚藍壯闊的海域、近山的礦城魅力……使北濱發展出蓬勃的觀光事業。金山、野柳風景區、翡翠灣渡假村、龍洞南口海洋公園、澳底海鮮街、福隆海水浴場……一個接一個的濱海遊憩區，令人目不暇給，觀光幾乎取代漁業成爲北濱主要的經濟活動。

# 數量眾多的港口

北濱海岸線曲折多灣澳，加上大多屬於岩岸地形，較無泥砂淤積的問題，提供了興建商港和漁港的絕佳天然條件。港口多，因此成爲北部海濱的一大特色。

其中，形勢最優越、最向內陸深入的灣澳，已闢建爲今天北台灣最大國際港——基隆港；而其他大大小小的漁港，約有30餘個之多，比較著名的有八斗子漁港、澳底漁港、富基漁港、石門漁港等。

凹凸多變的灣岬是北濱地形的一大特色　　1997/07

燦爛耀眼的翡翠灣，是北濱十分受觀迎的渡假勝地。　　1998/07

基隆港是北台灣首屈一指的國際貿易港　　1997/09

金山海岸風景區吸引大量觀光戲水人潮　　1998/07

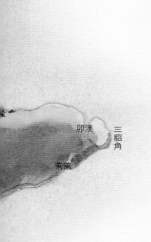

卯澳　三貂角　萊萊

規模龐大的八斗子漁港，具有十分優越的地理條件。　　1998/08

# 淡水

淡水河浩闊長流，觀音山峭然獨立。從高空俯瞰晴空下的淡水，真是處處美景，風光無限。

「北部海濱」的空中散步之旅，就從這個兼具自然與人文歷史特色的地點開始，將會沿著海岸，一路飛過北海岸、東北角，盡覽北台灣海與山的奇景之美。

眼前的畫面中，遠處便是群山環繞的台北盆地，這個台灣政治、經濟中心的大都會，從開拓到發展的過程，都與淡水息息相關。在空中，不但可看出淡水與台北盆地的密切關係，同時也可以俯視淡水本身的地理環境：背倚大屯火山群，隔著淡水河面對觀音山，真是一個典型的河港山城。淡水河水量豐沛，是台灣少數具舟楫之利的河流；而大屯火山群高聳的屏障，阻擋了東北季風吹襲。如此優越的地理條件，難怪淡水自古便以「要港」著稱。

在畫面中，淡水老聚落順著河岸發展，近年來不斷往背後的山丘擴張，密集高聳的建築迅速取代原先起伏有致的山陵溪谷，幾乎見不到早期「小鎮」的風貌了。

如果仔細辨識，可以在右方找到著名的「紅毛城」、「淡水砲台」；在出海口附近，一片乍看彷若梯田的綠地，其實正是「台灣高爾夫球場」。而正下方露出的平整黃土地，則是預計容納30萬人的「淡海新市鎮」所在——隨著台北都會不斷地擴張，傳統的淡水小鎮風貌正猛烈改變中。

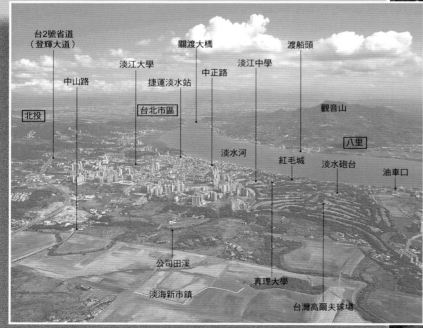

台2號省道（登輝大道）　關渡大橋　渡船頭
淡江大學　淡江中學
中山路　捷運淡水站　中正路
北投　台北市區　觀音山
八里
淡水河　紅毛城　淡水砲台　油車口
公司田溪
真理大學
淡海新市鎮
台灣高爾夫球場

①淡水河　②紅毛城　③英國領事館　④淡江中學
⑧中山路　⑨龍山寺　⑩清水街　⑪祖師廟　⑫長老教會教堂

# 淡水

## 北部海濱的起點

淡水舊名「滬尾」，昔日是台北盆地最重要的出入口，曾躍居北台灣首港地位。如今，縱然歷史風華不再，嶄「新」的市鎮也將建起，淡水卻仍留存了巍然屹立的古城堡、傳統的老街寺廟，以及充滿異國風情的洋樓建築……在一片喧鬧的觀光熱潮下，淡水仍是獨樹一幟的文化旅遊重鎮。

### 倚山面河的好所在

「淡水」背倚大屯火山群，前臨淡水河，是一個典型的山城河港。由於位在大屯火山群背風面，壯闊的山岳阻擋了東北季風的吹襲，加上淡水河水源豐沛，又有舟楫之利，因此成為先民拓墾聚居的好所在。從下方照片約略可看出淡水介於山、河之間的優越地理形勢。

**河口要衝**：淡水除了是早期移民進入台北盆地的登陸點，也是進出口貿易的轉運站。由於台北盆地四周皆山，山區豐富的物產，大多仰賴縱橫其間的基隆河、大漢溪和新店溪運輸往來，形成淡水河流域的航運網路。當時各河沿岸的城鎮，如大溪、三峽、新莊、汐止和新店等地，都是山區物產的集散地，物產裝船後，順流而下至艋舺、大稻埕，再經由淡水河出海。位居淡水河出海口北岸的淡水，就成為整個航運網路的出口，更是台北盆地的主要門戶。

### 淡水今昔

右上方照片是在淡水「大街」中正路的上空，向出海口鳥瞰，整個淡水市街的精華區域及歷史發展的重要遺跡，大多涵蓋在內。下面就配合照片，來說明淡水如何由河畔碼頭一帶崛起，逐步向山坡開發而形成今天的特殊風貌。

**西荷霸權與漢人拓墾**：17世紀初，歐洲海權霸國的勢力開始進入北台灣。西班牙人首先佔領淡水，建立「聖多明哥城」作為軍事要塞兼統治中心，即今「紅毛城」的前身；後來又經荷蘭人整建為更堅固的堡壘。

18世紀中，漢人移民大量湧入淡水，以「福佑宮」前的碼頭為中心，漸漸往山丘擴展，形成了重建街、清水街及下街（日治時期的大街，今中正路）等街市，並興建包括龍山寺在內的大小廟宇，呈現出典型的漢人聚落景觀。

**開港通商**：1860年，淡水正式開港通商，一躍而為國際貿易港；西方的宗教、建築、醫療、教育等，也以淡水為起點，向北台灣各地擴散。許多深具異國情調的建築，如長老教會教堂、偕醫館、理學堂、英國領事館等，也陸續在漢人街市外側興建起來。

**日治時期**：日人治台後，在原有的市

◀淡水，位在大屯火山群的低緩坡地上，先天具有倚山面河的優良地理形勢。

①淡海新市鎮　②大屯火山群　③台2號省道（登輝大道）　④淡江大學　⑤捷運淡水站
⑥淡水河　⑦中正路　⑧紅毛城　⑨真理大學　⑩淡水砲台　⑪台灣高爾夫球場

1996/07

▼從觀音山上空遠眺，在大海、長河與山丘襯托下，淡水的迷人景致一覽無遺。

①沙崙海水浴場　②沙崙重畫區　③淡海新市鎮　④淡水砲台　⑤台灣高爾夫球場　⑥紅毛城　⑦英國領事館　⑧真理大學　⑨淡江中學　⑩登輝大道　⑪渡船碼頭　⑫福佑宮　⑬淡水國小　⑭祖師廟

⑤眞理大學　⑥台灣高爾夫球場　⑦淡水國小
⑬福佑宮　⑭中正路　⑮渡船碼頭
1998/07

淡水市街圖　北

◀沿河而起的淡水小鎮，蜿蜒曲折，山景帆影，加上分布其間的古廟老街、洋樓城堡等，散發出一股令人難以抗拒的魅力。

學城」。紅毛城、老街、淡水河景及地方小吃等觀光資源，也吸引大批遊客。

　1998年捷運淡水線通車後，淡水的觀光休憩功能更形彰顯，1999年中正路再度拓寬；如何塑造具有地方風格的環境和文化活動，成爲淡水老街鎮的重大考驗。

## 淡海新市鎮

　下方照片所見，在周圍綠野坡地中，一大片被剷平而露出褐黃砂土的空地，就是開發中的「淡海新市鎮」。這是政府在1992年起展開的一項造鎮計畫，面積廣達1,700公頃，預計容納30萬人口。眼前所見這片空曠黃土地，約400公頃，僅是其中的第一期計畫。

　從目前的開發方式大約可以看出，新市鎮將原本向海邊層層下降的自然地形完全改變了：起伏的坡地被整成平地、彎曲的線條被拉成直線，原本點綴其間的草木都被拔除。這樣一個「新」市鎮，似乎眞是一個全新的、與原有土地完全無關的「新世界」。淡海新市鎮的開發正大幅改變淡水原有的地景。

大街」中正路拓寬爲9公尺，兩側街屋也配合改建成具有豐富牌樓面的兩層樓房，並且在中正路與淡水河岸之間，闢建多條直通河邊的「雨巷」，形成淡水市街的一大特色。

　戰後迄今：戰後淡水的發展主要集中在旅遊和文教兩方面。淡江大學、淡水工商專校（今眞理大學）和新埔工專的設立，使淡水成爲一個不折不扣的「大

區外圍設立郵局、警察局、公會堂等機關，同時開闢全台灣第一座高爾夫球場及沙崙海水浴場等休閒娛樂設施。1930年以後，推行「市區改正」，將沿河「

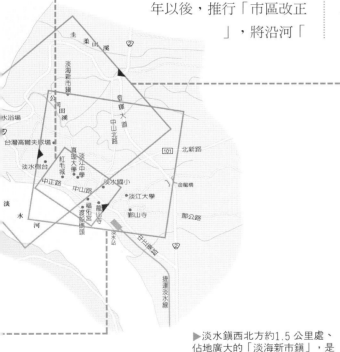

▶淡水鎮西北方約1.5公里處、佔地廣大的「淡海新市鎮」，是規模龐大的造鎮計畫。

①淡水街鎮　②淡水河　③八里　④台灣高爾夫球場　⑤沙崙海水浴場　⑥淡海新市鎮　⑦登輝大道
1996/08

⑮淡水河　⑯淡江大學　⑰捷運淡水站　⑱金龍橋
1994/08

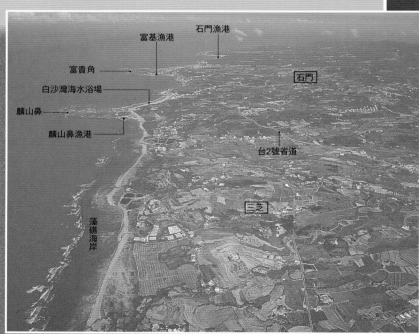

# 三芝·石門

離開淡水,繼續往東北方向飛,來到三芝、石門海岸。極目遠眺,盡是一脈相連的平疇沃野,迥異於樓宇林立的淡水。

眼前這片廣袤的平野地景,在行政區畫上,其實包含了兩個鄉——近處的三芝鄉和遠處的石門鄉。總體來說,這塊區域延伸自右側大屯火山群的北部斜坡,是由大屯火山群噴發的岩漿展流至海、漫鋪而成的火成岩海岸。

由空中往下望:前段是較寬廣的三芝海岸平原;而後段石門鄉部分,因為受到放射狀水系的直線切割,形成宛如扇面、稜谷相間的地形。由於溪谷眾多,灌溉設施發達,三芝和石門一帶的稻米栽培面積相當廣闊,同時也造就了北海岸最動人的梯田景觀。

往沿海看,富於變化的海岸線上,由近而遠分別是:黝黑的藻礁海岸、麟山鼻、白沙灣以及台灣本島最北端的富貴角等。曲折的灣岬提供漁業發展的絕佳條件,不僅漁港眾多,還有一畦畦深藍色的養殖魚塭。

這片火成岩海岸,土地肥沃,人口稀少,在觀光掛帥、熱鬧滾滾的北海岸上,格外顯得遺世獨立。然而,就現代生活來看,本區由於鄰近大都會,它所蘊藏的綠野、溪谷、湛藍海景以及淳樸的濱海農村,都可說是最具魅力的資源了。

石門漁港
富基漁港
富貴角
白沙灣海水浴場
麟山鼻
麟山鼻漁港
石門
台2號省道
三芝
藻礁海岸

# 火山熔岩的傑作

## 三芝・石門

數十萬年前，大屯火山群的數座火山轟然爆發，造就了三芝到石門這片稜谷相間、井然有序的廣袤地景。從海岸、河川到一砂一石，乃至漁米茶筍……無一不源自當年一道道滾燙的火山熔岩流。說此地是「火山熔岩的傑作」，一點也不爲過。

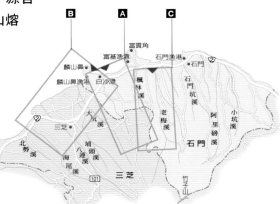

①石門　②大屯火山群　③台2號省道　④北海岸風景區管理所

## 火成岩海岸

位於大屯火山群北側的三芝、石門海岸，是由大屯火山群噴發出來的岩漿和火山碎屑岩鋪展而成的緩坡地形；經過漫長歲月的侵蝕、改變，終於形成今天極富變化的海岸線。從右方兩張空照圖，可看到廣大斜坡上相間的山稜溪谷、凸出的岬角以及凹入的砂灘灣澳景觀。

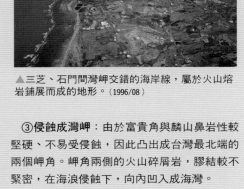

▲三芝、石門間灣岬交錯的海岸線，屬於火山熔岩鋪展而成的地形。（1996/08）

### 火成岩海岸的形成

三芝到石門之間這片廣大的海岸，分布著凹凸有致的灣岬以及放射狀的溪谷，地形十分精采。下面分成4個步驟，來說明它的形成過程。

①大屯火山群爆發：80萬年前，大屯火山群的竹子山、大屯山等陸續噴發，滾熱的岩漿從火山口流向斜坡的底部；而大量的火山碎屑岩也隨著巨大的爆炸力量向各處掉落。

②凝固與堆積：其中，兩道鋪流較長的岩漿，在海岸邊凝固成火成岩，就是富貴角與麟山鼻的前身；另一方面，火山噴發出來的岩漿和碎屑岩，也一一冷凝、堆積在海岸上。

③侵蝕成灣岬：由於富貴角與麟山鼻岩性較堅硬、不易受侵蝕，因此凸出成台灣最北端的兩個岬角。岬角兩側的火山碎屑岩，膠結較不緊密，在海浪侵蝕下，向內凹入成海灣。

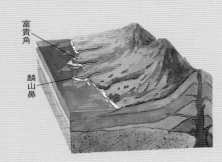

④形成放射狀水系：火山噴發後，一條條發源於大屯火山群的河流，沿著凝固的火山熔岩流路，呈放射狀向大海順流而去，形成了今天稜谷相間的奇特地貌。

## 麟山鼻與富貴角

麟山鼻和富貴角都是由火山噴流出來的岩漿冷凝而成的岬角，是本區海岸線上最明顯凸出的兩個地標。

**麟山鼻：** 這個小小的火成岩岬角，周圍擁有許多奇特的地形景觀——岬角附近可見成片黝黑的「藻礁」海岸，這是台灣唯一因藻類著生而形成的海洋生態環境。岬角臨海處，盡是一塊塊數十萬年前火山噴發出來的安山岩所鋪成的「礫灘」。麟山鼻與富貴角之間，有一條明亮耀眼的海灘，就是由貝殼砂、石英砂和火成岩共同堆積出來的「白沙灣」，早在日治時期就已是台灣北部知名的海水浴場。

**富貴角：** 地當台灣本島的最北端，在1654年的荷蘭古地圖中，即是以Tweed Hoeck（第二岬角）的名稱被記錄並繪製在地圖上。

富貴角盡頭處，有一座黑白相間的八角形燈塔，首建於1896年，曾在二次大戰中被炸毀，歷經多次修建。起伏的砂丘上，散布許多風稜石，這是安山岩經風砂長期磨蝕而形成的罕見景觀。此外，富貴角西側有1965年興建的「富基漁港」，附近的觀光漁市，已成爲新興的旅遊據點，每到假日，人車不絕。

⑤白沙灣海水浴場　　　　　　　　　　1996/08

①白沙灣海水浴場　②台2號省道　③三芝　④藻礁海岸　⑤麟山鼻漁港　⑥麟山鼻　⑦礫灘　1996/08

▲兩張併排的空照圖，展現出弧度優美如裙擺一般的三芝、石門海岸。這片地景是由背後的大屯火山群熔岩流一手塑造出來的。

## 壯觀的海岸梯田：三芝

三芝，地名源自清朝的行政區名「芝蘭三堡」，是北海岸上風格別具的小鎮。由於背山面海，腹地十分有限，因此沿著海岸坡地發展出一階階梯田，拾級而上的綠野稻畦景致，煞是壯觀動人。拜火山熔岩土地肥沃之賜，三芝除稻米外，還有多樣膾炙人口的特產，如茭白筍、苦茶油等。茭白筍主產於八連溪流域，苦茶油則採自竹子山腳下栽植的苦茶樹。

除了豐美的物產，三芝也因近代以來出現了幾位重要人物，如音樂家江文也、台灣第一位醫學博士杜聰明以及第一位民選總統李登輝等，更增添了一股地靈人傑的魅力。

## 放射狀的溪谷：石門

石門，地名源自境內被稱為「石門」的海蝕洞，是台灣最北端的一個鄉鎮。

**水利灌溉**：受到來自竹子山放射狀水系切割的影響，石門境內以高低有序、稜谷相間的地形為主。當地居民利用河谷地形易於取水的特性，興築多條水圳，建立了穩定的水利基礎。其中，尤以老梅溪為本地區最重要的灌溉水源，今天名列「淡水水利會」的多條圳路，大部分都取源自老梅溪。因此，老梅溪的兩側自然成為主要的水稻集中地。此外，鐵觀音茶和芋頭也是石門相當有名的特產。

**漁業**：由於擁有綿長的海岸線，加上附近海域漁產豐富，漁業成為石門極重要的產業活動之一，日治時期就築有多處漁港；戰後，更大力興建石門、富基、麟山鼻等現代化漁港；沿海一帶，也有廣大的淡水養殖魚塭。

◀三芝擁有北海岸最美麗的梯田景觀（1996/08）

▼老梅溪是石門地區最重要的灌溉水源，附近盡是稜谷相間的地形。

①老梅溪　②石門　③大屯火山群　　　　1996/08

# 金山

越過台灣本島最北端的富貴角，展現在眼前的，就是北海岸罕見的寬廣平原——金山海岸平原。

金山舊名叫「金包里」，是從平埔族社名音譯而來。從空中往下看，我們可以深刻體會這片環山臨海的沖積平原上，阡陌縱橫，一片綠油油的肥沃農田，加上有著天然灣岬屏障、風雨無礙的漁港，充分顯現出「魚」「米」之鄉的天然優越環境。就北部海濱的地理條件來看，此地真可說是得天獨厚了。

凸起於金山岬角上的獅頭山，外型十分顯眼，可說是金山的主要地標。磺港、水尾兩個漁港分居其腹背兩側；而磺溪和員潭溪也分別由山區蜿蜒流下，注入兩個漁港處出海。漁港附近與平原中央地帶，則是金山主要的聚落市鎮所在；此外，夾在市鎮中間白灰灰的一大片「金山鄉第一公墓」，由空中俯瞰，顯得非常奇特。

往海岸線一路眺望過去，可清楚看到金山灣、野柳灣和翡翠灣3個灣澳；在金黃色的砂灘間，金山岬與野柳岬雙雙凸出海面。再更遠處，基隆「協和火力發電廠」的白色煙囪矗立，而基隆港、基隆嶼、基隆山跟著映入眼簾，連最遠處的鼻頭角也隱約可見。

這一段海岸景觀，可說是北部海濱極具特色的海岸線，不但灣澳的弧度優美，而且地貌變化多端，真是美不勝收。

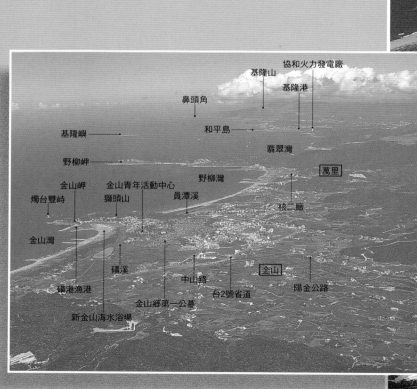

協和火力發電廠
基隆山
基隆港
鼻頭角
和平島
基隆嶼
翡翠灣
野柳岬
萬里
野柳灣
金山岬 金山青年活動中心
燭台雙峙 獅頭山 員潭溪
核二廠
金山灣
金山
礦溪
中山路
礦港漁港
金山鄉第一公墓 台2號省道 陽金公路
新金山海水浴場

# 金山

## 豐饒的魚米之鄉

位在台2號和陽金兩條公路交會處的金山，擁有北海岸少見的廣闊腹地，自古就是豐沃的魚米之鄉及重要的商業市鎮，至今仍保有北海岸僅存的清代老街。

今天的金山，早已發展成名氣響亮的遊憩景點；除了旅客眾多的海水浴場、青年活動中心之外，溫泉、鴨肉和老街……也是無數遊客流連的焦點。

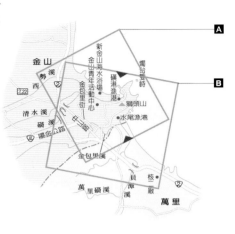

### 金山岬與金山平原

在礁岩遍布、山丘逼海的北部海岸上，金山拜「斷層」與「磺溪」之賜，擁有優良的灣澳與廣袤肥沃的平原，十分難得。從下方與右方兩張不同角度的空照圖，可以清楚看出，造型柔美的金山岬以醒目的姿態凸出於海面，岬上獅頭山宛如一隻俯趴的巨獸，橫亙整個岬角，兩側分別形成磺港、水尾兩個漁港；而弧度優美的砂灘，宛若兩隻潔白的羽翼，展向兩方。

岬角後方接連的金山平原，背倚大屯火山群，並有源自山區的磺溪緩緩流經。事實上，這一大片廣闊的平原，是由磺溪挾帶肥沃的火山土壤沖積而成。密布的水田、優良的漁場，難怪自漢人入墾以來，金山便成為豐饒的魚米之鄉。

### 商業‧礦產與觀光

金山舊名「金包里」，源於平埔族金包里社社名的音譯。由於土壤肥沃，腹地寬廣，以及介於基隆、淡水、台北盆地間重要的地理位置，因此開發極早，據傳在明鄭時期便有軍隊屯墾。

**北海岸的商業中心**：清代以來，漢人移民逐漸聚居在金包里溪附近，從事農、漁業的開墾；官府的軍事、郵遞和稅收等設施也紛紛設在此地。乾隆之後，磺港和水尾兩個港口，吸引大量貨船泊

①燭台雙嶼 ②台2號省道 ③水尾漁港 ④獅頭山

▲位在大屯火山群東北側的金山鄉，兼具灣岬與平原地形；岬角前方的海面上，還可見因海浪侵蝕而形成的「燭台雙嶼」。

◀金山是由磺溪沖積而成的肥沃平原，主要的市鎮老街集中在今天的中山路和金包里街一帶。

### 金山岬與金山平原的形成

凸出的岬角和廣大的平原是金山地形的最大特色，也是金山之所以成為北海岸魚米之鄉的主要關鍵因素。這樣的景觀，是憑藉著千百萬年來斷層、火山、溪流和海水共同攜手合作，一點一滴雕塑出來的。

下面就是由金山斷層出現、磺溪沖積、海水侵蝕到金山灣岬與平原形成的詳細過程。

①員潭溪 ②金包里溪 ③金包里街 ④中山路 ⑤磺溪 ⑥磺港漁港 ⑦獅頭山 ⑧水尾漁港

1998/07

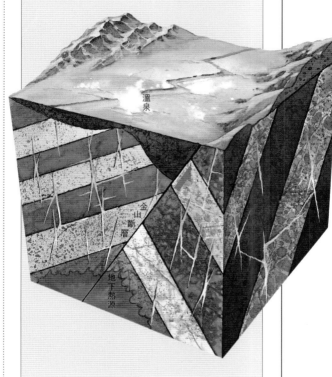

靠，商旅絡繹往來、各式店舖聚集……金山因此發展成北海岸最繁華的商業中心。當時的通衢商街「金包里街」，至今仍保有一些深具特色的老店屋，成爲北海岸僅存的清代老街。

　　**硫磺與溫泉**：金山因位居大屯火山群的東北面，自古與硫磺、溫泉息息相關；境內最重要的磺溪，即因水中富含硫磺質而得名。清代以來，居民即積極開發金山硫磺礦；到日治時期，大屯火山群共有近20個天然礦場，金山就佔了7

個，大多集中在山麓地帶，其中，死磺子坪更是當時台灣規模最大、產量最多的地區。

　　此外，金山也以無色無臭、水質透明的溫泉聞名。不但水溫適中且水量豐沛，十分適合沐浴，當中又以老字號的舊館溫泉最是名聞遐邇。

　　**觀光發展**：戰後，各地礦藏開採殆盡，金山的礦業逐漸沒落。不過，由於公路開闢、交通輻輳帶來的便利，以及救國團青年活動中心的設置、海水浴場的

開放、老街廟口鴨肉攤的聞名遠近，吸引了新一波的人潮車陣，遂使金山搖身一變，成爲遊客賞玩北海岸時，必然不會錯過的觀光景點。

①**擠壓出斷層**：由於造山運動的推擠，在台灣島上折出許多大大小小的斷層，其中一條「金山斷層」正好切畫過今天的金山灣一帶。

②**侵蝕與堆積**：海水沿著較脆弱的斷層帶或較軟的岩層往內侵蝕；而磺溪由大屯火山群沖刷下來的泥砂，也逐漸在河谷與海灣中堆積。

③**形成灣岬**：較軟而脆弱的岩層在海水長期侵蝕之下，終於凹入成「金山灣」；相對的，較堅硬的岩層，不易被侵蝕，就凸出成爲「金山岬」。

④**堆積成平原**：在磺溪長期沖積下，寬廣肥沃的「金山平原」逐漸形成，並發展成農漁重鎮。海岸部分也因沿岸流的影響，堆積出「砂嘴」。

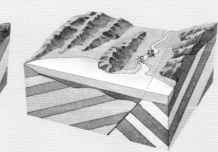

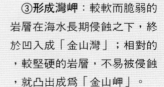

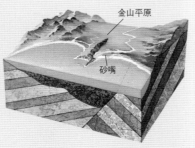

# 野柳

野柳岬長而尖，真像是一把外凸的劍，直直刺入北濱蔚藍的海洋之中。在空中看來，特別能感受那種不可思議的魅力。

正由於這樣奇特顯眼的形貌，使得野柳岬自古以來即是航海船隻矚目的焦點。在早期荷蘭人所繪製的古地圖上，便以「魔鬼岬」來描繪它，可以想像它留給航海者的強烈震懾印象。

其實，野柳岬是由地質上「差異侵蝕」作用而形成的海岬，千百萬年來，歷經海水、陽光、強風與地殼變動等等的互相作用，終於造就出這片鬼斧神工的奇觀。俯瞰這塊「魔鬼岬」，不禁叫人讚嘆大自然力量的神奇與奧妙。

在這塊狹長的海岬上，懸崖陡立、平台臨海，布滿了各式各樣的奇岩怪石，如女王頭、仙女鞋和燭台石等，都是名聞遐邇的奇景；若說野柳是一個「大自然的傳奇」所在，真是一點都不為過。

從空中眺望：尖長岬角上，單面山、海蝕平台的特色一覽無遺；接近陸地的灣澳兩側，分別有海洋世界、野柳漁港和東澳漁港，漁港背後可見密集狹仄的聚落房舍。越過聚落背後的山丘，一彎半月型的燦爛金黃砂灘，就是北海岸規畫相當完整的遊憩勝地——翡翠灣。這一路上，從金山、野柳到翡翠灣連成一線，形成北海岸渡假休閒的精華區。

再往更遠處看，3支醒目煙囪、廣闊的港域以及背後連綿的山脈，則是基隆一帶了。

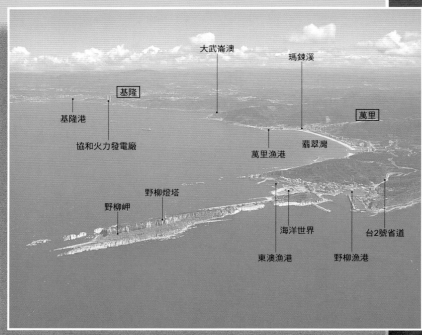

基隆
大武崙澳
瑪鍊溪
萬里
基隆港
協和火力發電廠
萬里漁港
翡翠灣
野柳燈塔
野柳岬
海洋世界
台2號省道
東澳漁港
野柳漁港

# 野柳

## 大自然的傳奇所在

「野柳」是一個瀕臨海岬邊緣的典型小漁村。其最為世人熟知、也最吸引觀光客眼光的，要算是廣布在海岬上一個個造型絕妙的嶙峋怪石了。海岬兩側的灣澳，是當地漁船的天然根據地，因此，「觀光」和「漁業」，便自然成為本地最重要的兩項產業。

### 奇絕的魔鬼岬

長約 1,700 公尺，寬約 250 公尺的野柳岬，是由一塊堅硬凸出的砂岩所構成。從右方照片中，可清楚看出整個野柳岬的地勢：岬角最前端是座一側陡峭、一側傾緩的標準「單面山」，山坡臨海處明顯可見一條猶如鑲邊的海蝕平台。岬角的中後段部分則向內凹蝕成一個大灣，形成寬僅約50公尺的腰身，幾乎將岬角分成兩段。大凹灣附近同樣可見一大片布滿各種奇岩怪石的海蝕平台。至於岬角最內側靠近陸地處，就是野柳村落和漁港聚集的地方了。

**石雕展覽館**：廣布的海蝕平台是整個野柳岬的自然傳奇所在，馳名遠近的女王頭、仙女鞋、燭台石等就位在其中。此外，還有珠石、海龜石、二十四孝石、豆腐岩、海蝕洞、蕈狀石、薑石……千奇百怪的地形景觀，令人目不暇給，宛如一座天然的「石雕展覽館」。

### 從漁港到觀光聖地

17世紀荷蘭人繪製的古地圖上，就以「魔鬼岬」稱呼怪石嶙峋的野柳岬。當時的野柳，屬於馬賽人金包里社居住的

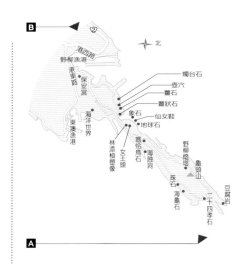

場域。至於漢人移民入居到形成村莊，據傳大約在19世紀以後。

**天然漁港**：由於山海逼臨的地形，野柳可供居住、活動的空間非常狹小，主要聚落都集中在照片所見兩個港灣之間的腹地上。另一方面，天然的岬角和灣澳，也使野柳擁有形勢優良的漁港條件，因此本地居民多半靠漁業維生；1955年之後，岬角兩側分別興築了現代化的野柳和東澳兩漁港，漁業更形發達。

**觀光聖地**：直伸入海的野柳岬，由於地勢險要，從戰後到1961年以前，一直是軍事禁地。1964年，攝影師黃則修舉辦了一次以「野柳」為主題的攝影展，

▶峻峭的單面山和布滿各式奇岩怪石的海蝕平台，是野柳岬地形的最大特色。

①翡翠灣 ②台2號省道 ③東澳漁港 ④海洋世界
⑨龜頭山 ⑩豆腐岩 ⑪核二廠 ⑫礦嘴山

### 野柳岬的形成

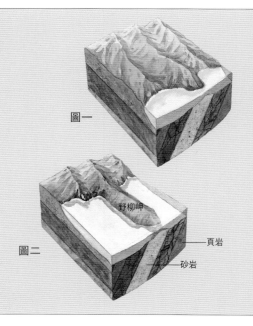

大約 600 萬年前，大規模的造山運動，將台灣島推擠出海面，也現出了野柳一帶的海岸（圖一）。

露出海面的野柳，是由一層又厚又硬的砂岩所構成，但其兩側卻是較軟的頁岩，在風浪侵蝕下，較硬的野柳便凸出成岬角，兩側就凹入成海灣，形成了野柳岬最初的雛形（圖二）。

接下來的步驟①至④，是將野柳岬的部分放大，來說明其細部變化，看看它是如何一步步演變成今天令人目眩的神奇面貌。

圖一

圖二

頁岩

砂岩

野柳岬

①形成單面山：野柳因為是受到造山運動的強力推擠而露出，因此整個岩層彎曲拱起，形成一面陡峭、一面平緩的單面山；岩層的表面也被擠裂出許多「節理」裂縫來。

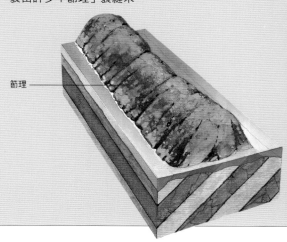

節理

受到媒體的廣泛報導後，才引起一般大眾對此地的注意，野柳岬終於對外開放，並且立刻成為北海岸熱門的觀光地點之一。

自從野柳以其豐富多樣的地景成為著名的旅遊勝地後，絡繹不絕的遊客，帶動各種服務業的興起，傳統漁村的風貌為之大變。其後，野柳進一步被規畫為交通部直轄的風景區，加上大型的表演單位如「海洋世界」的進駐，在在都使得今日的野柳觀光風貌遠較漁村個性來得濃厚許多。

▼野柳聚落主要集中在東澳和野柳兩個漁港間的狹小腹地上；村內的保安宮是最重要的信仰中心。

## 「進水過火」的廟會

主祀開漳聖王與媽祖的「保安宮」，立廟已近180年，是野柳的宗教活動中心。每年元宵節都會舉行全台罕見的「神仙進水過火」儀式，藉助神力驅淨海域，並庇佑闔境平安。

元宵當天，保安宮內的神明，都會被抬出來參與盛會。首先是抬轎者抬著神明跳入海中，藉諸神法力洗淨漁港的污穢；上岸後，再衝闖砲陣、過炭火，進行「炸轎」和「過火」的重頭戲，以驅邪除魔，佑保平安。最後繞境安營，回到保安宮內，圓滿結束整個儀式。

⑤野柳漁港　⑥、⑦海蝕平台　⑧野柳燈塔
1996/07

①台2號省道　②野柳岬　③仁和宮　④海洋世界　⑤東澳漁港　⑥保安宮　⑦野柳漁港　⑧港東路
1998/07

②崩塌成海蝕平台：單面山臨海的岩層，長期受到海浪沖蝕，逐漸凹陷，上方的岩層因承受不住重量而崩塌，底部就形成「海蝕平台」。岩層上的節理也被切割出大大小小的溝槽。

海蝕平台

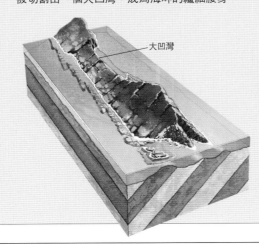

③切蝕出大凹灣：海水持續侵蝕，岩層不斷崩塌，海蝕平台越來越大；平台上的岩石也被風浪雕琢成各式各樣的奇岩怪石。中間部位的節理也被切割出一個大凹灣，成為海岬的纖細腰身。

大凹灣

④抬升成今貌：由於造山運動不斷進行，地殼持續上升，將野柳岬整個抬高，原來在海水面下的海蝕平台和各種奇岩怪石也都一一露出海面。野柳岬就此展現出奇絕的風貌。

# 基隆

遠遠望見「協和火力發電廠」聳立凸出的 3 支白色大煙囪，基隆港隨之展現在眼前。

在高空俯瞰，整個基隆的地理形勢清晰可辨——群山環伺中，形似「漏斗」的狹長灣澳、寬闊的港區水域以及和平島的適切屏障……這一切，無不令人恍然大悟：身為台灣北部最大、最重要的海上門戶，基隆港果然有其優越的地理條件。

另一方面，我們居高臨下所見，這個港灣的東、西、南三面，盡為層巒疊嶂所環抱，腹地其實相當狹窄，發展顯然不易；而開口朝北，每年凌厲的東北季風勢將妨礙船隻的航行、卸載。以港口的條件來看，這些都可說是基隆先天不足的地方。但即使受到種種限制，基隆還是發展成北台灣最大的港口了。

畫面中，一望無際的外海、廣闊的港灣水面、周遭逼鄰海岸的山陵，都使人見識到大自然所存有的巨大力量。然而圍繞著港口的市街，彷彿不知疲倦的巨獸，正不斷地朝四周的丘陵擴張；港灣內接續停泊的萬噸船舶、碼頭上宛如長頸鹿的橋式起重機、層疊累堆的大小貨櫃，還有發電廠旁的高聳煙囪……在在顯露出人類建設的雄心壯志。兩相對比，不禁讓人感受到大自然與人類長久不斷抗衡的局勢。

由海港城市景觀所提供的這種豐富經驗，誠然是一般內陸城市所難以顯現的。而這種強烈的特質，或許正是港都基隆的魅力所在罷！

海洋大學　第二貨櫃儲運場　客貨運碼頭　第一貨櫃儲運場　軍用碼頭　基港大樓　正濱漁港　八尺門區　基隆山　田寮港　鼻頭角　八斗子　和平島　基隆港　廟口夜市　中船基隆總廠　光華塔　船舶機械修造廠　雜貨碼頭　白米甕砲台　外木山　牛稠港　海港大樓　協和火力發電廠　水泥碼頭　外木山漁港　安中產業道路

# 基隆 北台灣第一大港

基隆古名「雞籠」，位居北台灣海岸線的中點，扼有台灣咽喉的關鍵性地位，加上自古航運發達，因此成為北海岸最重要的戰略與航運據點。今天的雨港基隆，從巨舶輻輳的國際商港、獨具一格的市街景觀到砲台、廟宇、小吃……無不展現出海港城市特有的魅力與風情。

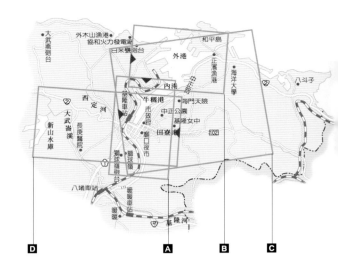

①第三貨櫃儲運場　②內港　③中正公園　④長榮桂冠酒店　⑤軍用碼頭　⑥水泥碼頭　⑦雜貨碼頭　⑧牛稠港
⑨中山高架道路　⑩基隆車站　⑪海港大樓　⑫基港大樓　⑬廟口夜市　⑭縱貫線鐵路　⑮獅球嶺　　　　1998/08

▲三面環山、一面臨海的基隆，市街緊臨港灣發展，是一座標準的海港山城。

## 典型的海港山城

上方照片是日落時分由牛稠港附近眺望基隆港市的景致，整個基隆「海港山城」的地形特色，盡在眼前。

基隆位於大屯火山群與基隆火山群之間，是北台灣綿長的海岸線上最深入的灣澳。由照片中可以看出，整個基隆港

市三面被起伏的山巒環繞，只有北面敞向大海；因為可利用的腹地十分逼仄有限，稠密的市街只能擠在港灣周圍的狹窄空間上。近年來，有逐漸往山坡發展的趨勢，照片上可見若干零星建築分布在後方山丘上。

## 北台灣最重要的港口

左下方照片是在「白米甕砲台」附近鳥瞰基隆港外港的景觀。由於地處「台灣頭」的險要地位，加上形勢優越的港灣條件，近百年來基隆港一直肩負著軍港、商港和漁港的多重角色。

**扼守北台灣的要港**：早期基隆港以軍港和漁港功能為主，是台灣北部海岸線上最重要的軍事戰略要地，清代和日本政府分別在港灣周圍興築了海門天險、白米甕、獅球嶺和大武崙等多座攻防砲台。港區東側的正濱漁港，日治時期曾是台灣規模最大的漁港。

1899年開始，日本政府投下巨資，積極展開各項建港工程，企圖將基隆港改頭換面為一座港闊水深、能泊萬噸巨輪的貿易大港。1916年，基隆港果然躍升為全台最大商港，不僅是台灣對日本、中國、南洋航線的中心港口，也是各地旅客進出台灣的重要門戶。

戰後1960年代起，為配合全球貨櫃運輸的興起，基隆港陸續增闢第一、第二、第三貨櫃基地，大大增加貨物的吞吐能力。今天的基隆港，已躋身國際大港行列，海運網遍及世界各地。

## 高架道路與棋盤市街

右頁上方照片由基隆內陸向外海展望，整個基隆市街的精華區，以及基隆內、外港全景一覽無遺。基隆是一個典型的海港城市，其地形與海港的營運決定了整個城市的架構。從照片中可以清楚看到，環繞著港灣兩側、以貨物運輸為主的高架道路和鐵路系統貫穿市區，成

①白米甕砲台　②穀類碼頭　③油類碼頭　④船舶交通管制中心　⑤和平島　⑥中船基隆總廠　⑦正濱漁港
⑧八斗子　⑨第一貨櫃儲運場　⑩第二貨櫃儲運場　　　　　　　　　　　　　　　　　　　　　　　　1998/08

◀基隆港名列全球前十五大貨櫃港，照片中可見規模龐大的貨櫃儲運場和各類碼頭。

①基隆嶼　②和平島　③牛稠港　④外港　⑤海洋大學　⑥海門天險　⑦長榮桂冠酒店　⑧內港　⑨海港大樓　⑩基隆車站　⑪中山高架道路
⑫縱貫線鐵路　⑬忠四路　⑭忠一路　⑮基隆大樓　⑯基隆市立文化中心　⑰中正公園　⑱廟口夜市　⑲田寮港　⑳基隆山　　　　　1997/09

▲基隆港是台灣北部最大的國際貿易港。畫面中清楚看到，貫穿全市的高架道路與棋盤式街道，構成了基隆市區景觀的一大特色。

## 「北港南河」水系

右方照片是由基隆女中附近眺覽基隆港與基隆市街。畫面中最醒目的筆直川流，便是基隆重要水系「四港門」之一的「田寮港」。整個基隆的河川分布，大致以照片左上方的獅球嶺為界，分成嶺北的「基隆港水系」和嶺南的「基隆河水系」。

**基隆港水系**：主要指直接注入基隆港灣的「四港門」：牛稠港、田寮港、石硬港和蚵殼港。牛稠港在西側，即照片右上方露出一小角的水域；田寮港在東，一如照片所見已被疏濬為平直的運河；蚵殼港就是今天的西定河；而流經廟口區附近的石硬港，早在日治時期即修築為旭川運河並加蓋成路面。

**基隆河水系**：流經基隆市境內的基隆河，支流眾多、水量豐沛，擁有豐富多變的地形景觀，也是基隆市民主要的用水來源。照片上方所見，獅球嶺右側的一彎碧綠水域，就是位在支流大武崙溪附近的「新山水庫」。

基隆市街圖

為全市的主要交通骨幹。一部部貨櫃車往來頻繁的奔馳於高架道上，成為基隆城市的特殊意象。

**棋盤式街道**：照片中位於內港和田寮港以南的方整街區，就是基隆最早開發的市街，也是今天最繁華鼎盛的商業、信仰中心。大約在清雍正年間，即有漳州人來此興建店屋；日治時期，將這一帶規畫成棋盤式的街廓；戰後則分別以忠、孝、仁、愛……來命名街道，形成孝一路、忠二路、愛四路等有趣的路名。其中，仁三路的「奠濟宮」一帶發展成遠近馳名的「廟口夜市」。

此外，內港的東側有較大的發展腹地，早期的港務局、市政府以及醫院等都設於本區。近年來，更成為新興的繁榮商業區，陸續興建許多高樓層的建築如銀行、飯店、辦公大樓等，與舊街區景觀明顯不同。

D

①基隆女中　②田寮港　③崇右企專　④牛稠港　⑤內港
⑥中正公園　⑦中山高架道路　⑧新山水庫　⑨獅球嶺　1992/06

▲田寮港是基隆「四港門」之一，也是基隆市東側主要的河川。

63

# 九份・金瓜石

在金瓜石本山的上空眺望，視野相當好，可以清楚看到基隆山、深藏在山凹處的金瓜石聚落、左邊的九份聚落，以及右上角的水湳洞、陰陽海，還有左上角的深澳灣、海面上的基隆嶼等等。

視線正前方的基隆山，彷若一位孕婦橫臥，當地人又稱作「大肚美人山」，高凸於海岸邊，是附近航海人的重要指標，也護衛著九份與金瓜石兩座山城。

眼前所見的地景，是蘊含豐富金、銅礦的基隆火山群及隨著採金事業而興起的九份、金瓜石等礦城。如今時過境遷，礦脈衰竭，昔日的繁華景況不再；礦城卻搖身一變，轉成以觀光、藝術、歷史等資源而再生的勝地了。

依山面海的自然景觀，礦業文化留下的鮮明歷史感，以及自成一格的山城聚落形勢，使得今天的九份與金瓜石成為廣告、電影、藝術家取材的絕佳景點，並且在旅遊市場中嶄露頭角。每到假日，觀光的人潮、車潮蜂擁而至，往往使得這兩個靜避一隅的小小山城顯得熱鬧滾滾。

在空中展望，山丘起伏連綿、道路迂迴旋繞、建築錯落疊置……一切都是如此的清晰明確，這是在地面遊逛所難以想像的。

深澳灣　瑞芳鎮第十九公墓　←基隆嶼　瓜山運動場　陰陽海
新山社區　基隆山　水滴洞
九份　金瓜石　太子賓館
瑞金公路　本山五坑
瑞豐公路　金瓜石本山　黃金神社　內九份溪
時雨中學

# 台灣的黃金之城

# 九份·金瓜石

說起台灣的礦業山城，要屬「九份」與「金瓜石」最著名了；閱覽此處，彷若翻讀一頁台灣採金史。

如今，雖然採金的繁榮不再，九份與金瓜石卻以其特殊的聚落形態、天然美景和採礦遺跡，造就了另一次風華，寂靜的山城也再度喧騰熱鬧起來。

## 山城老街：九份

九份，曾是名噪一時的採金城。地名由來，據傳是因本地最早住有9戶人家，當時運送日常補給品者，每每將貨物分成「九份」，久而久之就變成地名了。下方照片是今天九份聚落的鳥瞰，散布在山巒上的聚落，明顯區分成右側的九份街鎮和左側的瑞芳公墓兩大部分；生人的屋舍與亡魂的居所，五五波分據整個空間，乍看之下，頗令人有生死一線間的感觸。

**建築特色**：「黑色」和「階梯」可說是九份建築的兩大特色。黑色，源於當地居民為因應多風多雨的氣候，而將塗有柏油的黑色油毛氈鋪在屋頂上；從空中放眼俯視，可充分感受到整個九份聚落所呈現出來的灰黑景象。階梯，則是由於境內櫛比鱗次的房舍，大多依著陡斜的山勢層層疊疊築起；這些高低錯落的房舍，便靠著無數錯綜曲折的階梯來串聯溝通，形成九份特有的空間形式。

**老街廟宇**：九份有兩條略為平行的老街「基山街」和「輕便路」，聚落的發展即以這兩條街道為核心，並以縱向的「豎崎路」相連。此外，還有一條寬廣的

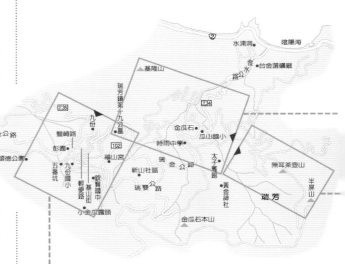

▼九份是一座名符其實的山城，從照片中可以看出，右側的聚落房舍和左側的公墓陵園，都是沿著山勢一階階往上興築而成。

①瑞金公路　②瑞雙公路　③瑞芳鎮第十九公墓　④福山宮　⑤欽賢國中　⑥小金瓜露頭　⑦侯硐　⑧九份國小　⑨聖明宮　⑩基山街　⑪城隍廟　⑫瑞芳礦業所　⑬豎崎路　⑭彭園　⑮五番坑　⑯輕便路　⑰頌德公園　⑱基隆河

1998/07

①九份 ②瑞芳鎮第十九公墓 ③瑞雙公路 ④瑞金公路 ⑤時雨中學 ⑥太子賓館 ⑦勸濟堂 ⑧瓜山國小 ⑨瓜山運動場 ⑩金水公路 ⑪基隆山
1998/07

◀正對基隆山大山凹的金瓜石聚落，昔日是風光一時的金銅礦產地，近年來則以歷史、藝術和觀光等資源而蓬勃再生。

## 黃金聚落：金瓜石

　　金瓜石原是一片人煙罕至的荒山漫野，因金瓜石本山的山形看似南瓜，閩南語稱「金瓜」，因此得名。據了解，金瓜石聚落最早的雛形，是在清道光初年由客家人所闢建；然而，今天廣為大眾熟知的金瓜石，卻是在清末因採金事業大放異彩而形成的。

　　左方照片中，金瓜石正好面對基隆山的大山凹，境內的房舍依地勢高低而錯落分布。畫面上隱約可見數條溪澗穿流其間；而以「金水公路」為主的幾條蜿蜒山道，提供了聚落內、外便捷的交通往來。聚落內的建築，原來與九份一樣，以黑色的油毛氈屋頂居多，不過近年來已出現許多新建的紅色屋頂建築點綴其間。

　　礦山停止生產後，金瓜石發展遲緩，卻因此保留住許多昔日的歷史遺跡，較著名的有黃金神社、太子賓館等。隨著文化旅遊風潮日盛，今天，金瓜石與九份觀光旅遊業的繁榮，直可媲美當年的金銅礦業。

---

聯外要道——瑞金公路，又稱為「汽車路」。

　　狹窄蜿蜒的基山街是昔日的商店街，以銀樓、理髮店和布店居多，目前尚存有幾家雜貨舖。輕便路是由早期的輕便車鐵軌改建而成，附近曾是酒樓、戲院聚集的地方，今路旁有紀念顏雲年的「頌德公園」。豎崎路則是一條陡直而上的石階梯，自古就是九份最重要的縱向道路，現今則是茶館的集中區，也是一般人最熟悉的九份意象來源。

　　今天，以這幾條街道為主軸的九份聚落，除保留了彭園、五番坑、瑞芳礦業所等珍貴的礦業遺跡外，還有聖明宮、城隍廟、福山宮等數座信仰中心。其中，廟貌恢宏的福山宮，突破傳統土地公廟的小格局，成為全台少見的大規模土地公廟。

▼金瓜石一帶的無耳茶壺山和半屏山，在黃昏時展現出黃金礦山的燦爛氣勢。

①無耳茶壺山 ②半屏山
1997/09

### 輝煌的採金煉銅史

　　九份與金瓜石的崛起，肇始於清光緒年間，基隆河八堵鐵橋下鐵路工人淘洗到砂金的事件。日治初期，將礦區以通過基隆山頂的正南北線為界，分為西側九份山一帶的瑞芳礦區和東側的金瓜石礦區。

　　九份礦山與顏雲年家族：九份採金事業的繁盛、衰敗，與顏雲年家族密不可分。1898年，顏雲年向日人承租九份礦山，在其銳意經營下，創造了日治以來九份礦山產金量的最高紀錄。1918年，顏雲年買下九份礦山的礦權，隨即籌組「台陽礦業株式會社」。其子顏欽賢並開鑿現代化坑洞、更新採礦設備，積極經營。

　　自此，九份人口激增，各行各業林立，輕便路和自動車路（今汽車路）相繼興建，九份的繁華璀璨達到巔峰。當時出入基隆港的旅客，在輪船上遙望九份聚落，燈火燦爛，遂稱其為「小上海」。

　　金瓜石與金銅礦：金瓜石除產金外，還以產銅聞名世界。1905年，金瓜石礦山首度發現黑色的「硫砷銅」礦，從此，「金」礦床變成「金銅」礦床。1907年，首次出產銅礦47公噸，此後逐年增加，金瓜石遂成為世界上著名的銅山，也是亞洲第一的貴重金屬礦山。

　　沈寂沒落：1943年，由於戰事的需要，台灣總督府下令將採礦事業重心移向軍需工業的國防物資上，金瓜石和九份礦山相繼遭到停工的命運，居民大多數被疏散到外地，景況空前凋零。

　　二次大戰後，金瓜石礦區由政府組織「台灣金屬礦業股份有限公司」掌管；九份礦區則由台陽礦業株式會社改組的「台陽礦業公司」繼續經營。但因經濟環境改變、礦脈逐漸枯竭，產金量節節下降。1971年，台陽公司關閉九份礦坑；1985年，台金公司也宣告結束營業。九份與金瓜石燦爛的採金歲月，至此完全走進歷史。

# 水湳洞・基隆山

1992/06

從海域上空俯瞰水湳洞一帶，詭異的山海景觀，真是視覺的一大震撼——基隆火山群的群峰陡峭連綿、層巒疊綠，一路延伸到台2號省道的界線，與海洋緊逼相接；海域中，黃綠混濁的水面與湛藍海洋交織成極端醒目的「陰陽海」奇觀。

再往陸地上看，台2號省道沿著海岸迤邐前行，西連基隆、東接鼻頭角，是本區最主要的聯外道路。公路上方的臨海山麓上，清楚可見幾棟龐大、灰白色長條形建築物，是台金公司廢棄的選礦廠；過去曾是盛極一時的重要礦業設施，現在只留下建築廢墟令人緬懷。

畫面最右邊，只露出一半的山體，就是高聳特立的基隆山；在山凹處，有本地區最主要的溪流——九份溪，穿越崇山峻嶺，一路蜿蜒流入海洋。在基隆山周圍，由曲折山道引導而上，可抵達水湳洞、金瓜石、九份等幾個曾在歷史上叱吒風雲、閃亮耀眼的礦業聚落。

基隆火山群、水湳洞、九份、金瓜石……曾共同締造出台灣礦業史上光芒璀璨的一頁，而陰陽海卻是採礦造成的生態污染奇景。在高空的廣闊視角中，俯視文明開發與環境破壞合併在同一畫面出現，格外啟人深思。

草山
半屏山
燦光寮山
無耳茶壺山
金瓜石本山
金水公路
九份
金瓜石
基隆山
長仁社區
瑞芳鎮第二十一公墓
水湳洞
台金選礦廠
九份溪
陰陽海
台2號省道

# 水湳洞・基隆山

# 詭譎的生態奇景

從一個藏居基隆山側的臨海小聚落，到繁華的金銅礦冶煉重鎮，「水湳洞」隨著基隆火山群的採金煉銅事業而興起、鼎盛、衰廢。到今天，聚落雖早已沒落淒微，卻仍以神祕詭譎的「陰陽海」奇景，訴說著它與台灣礦業的互久因緣。

聚落背後的屏障「基隆山」，千百年來，猶兀自以臨海的尖峭山姿，成為北海岸上最顯著的地標。

（地圖參66頁）

①九份 ②基隆山 ③深澳灣 ④水湳洞 ⑤陰陽海 ⑥禮樂煉銅廠 ⑦南雅漁港 ⑧台2號省道　　1997/09

▲ 由南雅漁港一帶看基隆山，臨海屹立的山姿十分獨特，附近的水湳洞和陰陽海景觀也一覽無遺。

## 冶煉聚落：水湳洞

位在基隆山側、前臨陰陽海的水湳洞，隸屬於台北縣瑞芳鎮。地名據說起源於「台灣金屬礦業公司」（簡稱台金）保修廠背後的一個山洞，由於從洞頂滴水下來的情景，有如西遊記小說中所描述的水濂洞情景，所以這裡就被稱作「水湳洞」。

**冶礦歲月的興衰**：水湳洞一帶開始有漢人入墾，大約是在清嘉慶末年。日治時期，日本礦業株式會社（即台金公司的前身）在此設立選礦、製煉廠，負責冶煉來自金瓜石礦區的金銅礦，因此帶動了水湳洞聚落的興盛發展。據說最繁榮的時候，冶煉礦廠曾一度擁有專屬的市場和戲院。戰後，隨金瓜石礦業的沒

落，水湳洞聚落也逐漸蕭條。如今水湳洞最引人注目的景觀，要算原屬台金公司的廢棄選礦廠建築及轄屬台電的「禮樂煉銅廠」了。

**選礦廠與煉銅廠**：開採金銅礦時，須經採礦、選礦與煉礦等幾個主要流程。昔日台金公司在經營金瓜石礦區時，曾在附近地區設置了許多選礦、冶煉廠。其中，最具規模的就是位於水湳洞海濱的選礦廠及禮樂煉銅廠；前者沿著山坡興建，層層堆高，非常壯觀；後者則是重要的冶煉處，除了銅以外，也提煉金、銀等礦物。

1983年，由於台金公司經營不善，政府決定將台金公司金瓜石礦山的各類礦廠、加工廠標售，同時將禮樂煉銅廠併給台電公司管理。於是，沿著山坡興建

的選礦廠，大多被拆除，只留下部分建築廢墟，成為今天水湳洞獨特的景觀。1990年，禮樂煉銅廠因硫酸外洩而結束營運。至此，水湳洞的冶煉歲月完全走進歷史。

## 生態奇觀：陰陽海

水湳洞前一片黃藍交融、充滿神祕色彩的混濁海域，被稱作「陰陽海」，是水湳洞最明顯的地標，也是極罕見的生態奇景。

**為什麼會有陰陽海？**根據研究，陰陽海的形成和金瓜石礦區的礦脈開採有密切關係：金瓜石礦區正好位在水湳洞後方，日治以來由於大量開採，使得許多

---

### 基隆火山群與礦脈的形成

水湳洞後方環繞的層疊山巒，是由基隆山、金瓜石本山、半屏山、草山……等數座火山共同組成的「基隆火山群」，與大屯火山群同為北台灣最重要的火山地形之一。特別的是，基隆火山群蘊藏了台灣北部規模最龐大的金銅礦床，曾造就水湳洞、九份和金瓜石等礦業聚落的繁華鼎盛。下面是基隆火山群和金銅礦脈形成過程。

**①露出岩層**：大約在200至100萬年前，現今基隆火山群一帶，受到板塊碰撞的強大力量，原本堆積在海底的沈積岩層，被擠壓露出地表，並擠出一道道斷層及無數摺皺。這些沈積岩層中有一部分是含有豐富化石的砂岩。

**②火山噴發**：大約100多萬年前，地底深處的岩漿穿透沈積岩層，噴出地表，形成草山、雞母嶺等火山；另有一些未噴出的岩漿，在岩層中逐漸冷卻，形成基隆山、金瓜石本山等。整個基隆火山群大致成形。

①台2號省道 ②金水公路 ③金瓜石 ④基隆山　　　　　　1992/04

▲由海面上空正看基隆山，充分展現出錐狀陡峭卻又磅礴沉穩的山勢。

▼由西北往東南看基隆山，在層層山岳與灣岬襯托下，呈現一種婉約之美。

①鼻頭角 ②陰陽海 ③水湳洞 ④基隆山 ⑤九份 ⑥台2號省道　　1992/07

**③形成金銅礦**：在岩漿向上竄升的過程中，往往也會帶來「熱水溶液」。熱水溶液中含有豐富的金、銅成分，這些成分隨著熱水溶液，沿斷層的裂隙湧入砂岩與火成岩層，逐漸沈澱形成大規模的金、銅礦床。

熱水溶液

**④侵蝕露出**：由於板塊碰撞力量仍未削減，基隆火山群也不斷被抬高，加上大自然的侵蝕風化力量，使得藏在地底的金銅礦露出地表，甚至被沖刷至河流之中，引起陣陣淘金熱，造就了九份、金瓜石近百年的黃金歲月。

礦石裸露地面；加上採礦廢棄的礦渣中含有大量的黃鐵礦，這些黃鐵礦在雨水和地下水的侵蝕下轉變成氧化鐵，並流入九份溪裡，將溪水染成黃紅色。黃紅的九份溪溪水往下注入湛藍海灣中，與海水混合後，形成這片黃藍交融的海洋奇景，可說是人類物質文明發展造成環境污染的明顯例子。

## 臨海地標：基隆山

　　水湳洞聚落西側屏障的雄闊壯麗山岳，就是著名的「基隆山」。基隆山是由地底岩漿冷凝而成的火山，屬於基隆火山群中的一座。

　　**北台灣醒目的地標**：今天，從北台灣的上空鳥瞰，會驚訝的發現，無論位在何處，只要朝東北方向瞭望，幾乎都可以看到基隆山尖峭挺拔、臨海屹立的山姿，可說是北台灣最醒目的地標。

　　基隆山原名「雞籠山」，據傳，因外形遠望如往昔農家養雞用的雞籠而得名。海拔589公尺，東西長約2公里，南北寬約1.3公里。山勢雖不算高，但雄偉聳立的山形，卻顯得氣勢非凡；不論從那一個角度看，在在展現出磅礴、秀絕的魅力。左頁及上方3張空照圖，便是分別由不同方向來欣賞基隆山「橫看成嶺側成峰」的千姿百態。

# 鼻頭角・龍洞

1998/07

尖長的岬角，深凹的灣澳，眼前這壯觀的畫面，正是東北角最典型的海岸地形景觀。

往海面延伸出去的綠色岬角，就是赫赫有名的「鼻頭角」，從高空上看來，確實有如尖鼻子一樣醒目凸出；而向內懷抱著湛藍海水的灣澳，則是被譽為「潛水天堂」的「龍洞灣」。這一岬一灣，在空中俯瞰，特別展現出一種奇絕的美麗。

在畫面上方，可見到岬角中段的「鼻頭漁港」，由於三面山丘環擁，可說是極為優良的天然良港。沿著岬角腰間的羊腸小徑前進，可以到達最前端臨海的「鼻頭角燈塔」。這座高聳的燈塔，利用顯著的地理形勢，成為往來船隻不可或缺的指標。

同樣的，龍洞也是背山臨海的漁港，龍洞灣湛藍澄澈的海域，不但成為潛水者的最愛，岬角上岩壁險峻連綿，更是攀岩者的聖地，再加上近年來設立「龍洞灣公園」、「龍洞南口海洋公園」，添置各種親海設施，每到夏日吸引大量遊客，是最熱門的遊憩地點。

從高空這樣的俯瞰，鼻頭角和龍洞所充分顯現的東北角海岸之美，果真是無與倫比。

# 壯闊的奇岩與海灣

## 鼻頭角・龍洞

　　隔著湛藍的「龍洞灣」遙遙對峙的「鼻頭角」和「龍洞岬」，一向以粗獷的海岸地形及豐富的地質景觀聞名。

　　鼻頭角和龍洞兩地，原來都是東北角海岸上的素樸漁村，自北部濱海公路通車後，原有的漁村風貌逐漸改變；同時鼻頭角公園、龍洞灣公園、龍洞南口海洋公園相繼成立，潛水、攀岩、賞景等觀光遊憩逐漸成為本地的發展重心。

## 嶙峋的岬角：鼻頭角

　　鼻頭角是台灣北部海濱幾個凸出的岬角之一，其嶙峋、險峻的外形，是海岸線上極顯眼的地標。下方兩張空照圖，分別由不同角度來看鼻頭角。鼻頭角地名的由來，正如照片所見，凹凸崎嶇的岬角就像鼻頭般直伸入海。

◀鼻頭角以嶙峋、粗獷的海岸地形名聞遐邇。（1990/08）

　　**鼻頭漁港與鼻頭角公園**：鼻頭角一直到清嘉慶年間，才有漳州人前來墾闢，沿著灣澳形成狹長的漁村聚落。由於附近海域，正好是黑潮流經的重要漁場，而鼻頭漁港又是地勢優越的天然凹灣，因此發展成東北角的重要漁港之一；今天所看到的現代化漁港設施，是1959年興建完成的。

　　漁業雖然是當地居民的主要產業活動，但以往因對外交通不便，漁村的發展多少受到限制。直到1979年，先後有北部濱海公路（台2號省道）通車以及鼻頭角公園的設立，吸引了大批觀光人潮，商業與休閒活動，逐漸改變鼻頭角傳統的漁村風貌。

①龍洞岬　②龍洞隧道　③龍洞南口海洋公園　④龍洞漁港

　　**鼻頭角燈塔**：從左下方空照圖中，可以看見在鼻頭角前端的平台上，有一座白色圓柱狀的「鼻頭角燈塔」。這座燈塔初設於日治時期1897年，原是六角形的鐵造燈塔，曾毀於二次大戰。1971年，重建成今天的模樣，塔高12.3公尺，默默守護著附近航行船隻的安全。

## 潛水天堂：龍洞灣

　　上方和右上方兩張空照圖中，弧形優美、海域深闊的湛藍灣澳，就是位於鼻頭角和龍洞岬間、素有「潛水天堂」之稱的龍洞灣。

　　**深入的大灣澳**：龍洞灣是因附近有一道「龍洞斷層」通過，加上海浪侵蝕而形成的大凹灣（詳見右頁說明）。上方照片中可見，北部濱海公路沿著山海間蜿蜒前行，灣澳臨海處有龍洞漁港和聚落，並分布著許多養殖設施。

　　今天隸屬貢寮鄉和美村的龍洞，舊稱撈洞，和鼻頭角一樣都是清嘉慶年間由漳州人建立的聚落，居民向以漁業維生。自北部濱海公路通車後，龍洞灣蔚藍

◀鼻頭角臨海的平台上，有一座白色的「鼻頭角燈塔」，是北濱航行船隻的重要指標。（1990/07）

①龍洞岬 ②龍洞漁港 ③台2號省道 ④基隆山 ⑤基隆嶼 ⑥龍洞灣 ⑦鼻頭隧道 ⑧鼻頭角　　1990/08

▲龍洞灣是因龍洞斷層、海水侵蝕而形成的大灣澳

⑤台2號省道 ⑥龍洞灣 ⑦鼻頭國小 ⑧鼻頭角　　1998/07

▲湛藍澄澈的龍洞灣是潛水者的天堂

## 攀岩聖地：龍洞岬

　　下方照片就是以海岸絕景聞名的龍洞岬一景。階梯狀的岩層，遮降入海；光禿陡峭的崖壁，崩雲般的亂石，在海天輝映之下顯得雄渾孤絕，令人有亙古洪荒的感覺。

　　整個龍洞岬是由一層古老、堅硬的砂岩組成。岬角前端白亮險峻、高度參差的海崖連綿約1公里長，就是一般人所稱的「龍洞岩場」。由於質地堅硬、形勢險峻，成為北台灣最佳的天然岩場，是攀岩者心目中的「聖地」，吸引不少人前來一試身手。

的洋面、澄澈的海域以及豐富的海底生物，反倒成為潛水者的最愛。

　　**龍洞南口海洋公園**：上方照片較遠處、過龍洞隧道後，可見一形似漁港的地方，就是「龍洞南口海洋公園」。這是東北角第一座海洋公園，設有展示館、海水游泳池、遊艇碼頭、潛水基地等，為東北角的海上活動帶來新契機。

▲龍洞岬是北部海濱的攀岩聖地（1990/08）

▶隔龍洞灣相望的鼻頭角和龍洞岬，是北濱典型的灣岬地形。（1998/07）

## 鼻頭角與龍洞灣、岬的形成

　　鼻頭角、龍洞灣和龍洞岬是東北角海岸極醒目的灣岬地形。這樣的地形是由於斷層通過、岩質軟硬不同以及海浪侵蝕等因素共同造成，下面就是其形成過程。

①**出現龍洞斷層**：在今天鼻頭角和龍洞岬之間的地底，正好有一道「龍洞斷層」通過。沿著斷層兩側的岩石比較破碎，非常容易被侵蝕。

②**砂頁岩海岸**：鼻頭角和龍洞岬是由又厚又硬的砂岩所構成，不易被侵蝕；兩者之間則是比較鬆軟的頁岩和砂頁岩互層，容易受侵蝕凹入。

③**形成今貌**：海浪長期沿著龍洞斷層侵蝕，中間鬆軟的岩層便凹入成為「龍洞灣」，兩側堅硬的岩層則凸出為「鼻頭角」和「龍洞岬」。

# 澳底・鹽寮

海岸向內一拐，視野忽然開闊起來。眼前這個大灣澳，內外有數道防波堤把平靜的港區畫分成數個泊地，緊臨碼頭岸邊，可見一些停靠整齊的大小漁船，以及兩座綠色圓筒油槽、修造船廠的拖引曳道等，構成一幅典型東北角海岸的漁港景觀。

這個以海階平台為腹地而發展起來的聚落，就是東北角海岸上最著名的「澳底漁港」。

在漫長的台2號省道（濱海公路）上，澳底正是重要的中點站。由空中俯視，濱海公路彷彿一條巨蛇，曲折穿越澳底市街。靠海的這一邊，是在地人和觀光客的主要活動區域，房舍密集，海鮮店林立。靠山那一邊，一大片空曠的平野直抵山腳，這便是引發社會各界多年爭議，造成一波波抗爭行動的「核四電廠預定地」。

再望向遠方，層巒相接的綠色山嶺下，有一大片金黃海灘格外惹人注目，砂灘綿延數公里，接抵福隆海水浴場。100多年前，日軍接收台灣，就是從這個「鹽寮海灘」登陸的。如今，白浪黃砂依舊，此地卻已闢建海濱公園，成為遊人戲水、灘釣的好去處。

一路飛行至此，時時眺望灣澳、漁港、岬角、砂灘、平野、漁村聚落、起伏山嶺……奇美景觀一一遍覽，北部海濱的特色可說全都深刻體會了。

鹽寮海灘　鹽寮海濱公園　核四電廠預定地　石碇溪　吳沙墓　澳底國小　仁和宮　慶安廟　鹽寮　澳底　修造船廠　東外防波堤　澳底漁港　加油碼頭　台2號省道

①鹽寮海灘　②鹽寮海濱公園　③石碇溪　④核四電廠預定地

# 東北角的漁港和砂灘

## 澳底·鹽寮

澳底至鹽寮間的海岸，凹凸多變，兼具岩岸與砂岸兩種迥異的景觀。如果以石碇溪為界，以北是岩岸地形，也是東北角最著名的「澳底漁港」所在；以南則是砂岸地形，耀眼的金黃砂灘就是當年的日軍登陸地「鹽寮海灘」；而靠山處的大片空地，則是爭議多時的「核四電廠預定地」。

### 東北角著名漁港：澳底

澳底是東北角最早開發的地區之一。從右上方照片中，可清楚看出澳底背山臨海的天然灣澳形勢；由於地理條件優越，清嘉慶年間，曾吸引琉球漁夫到此捕魚定居，因此又名「琉球澳」。

**天然良港**：澳底附近正好有一道斷層通過，形成一個向內凹入的海灣，加上海底地質多為岩石，無漂砂之虞，先天具備了建港的優良條件。日治時期，已是東北角設備最完善的漁港之一。

戰後，澳底仍然是東北角海岸地區數一數二的重要漁港，每天大、小漁船繁忙進出，漁獲相當豐碩，整個聚落也迅速發展起來，可說是東北角相當典型的蓬勃漁村。

**新興海鮮城**：1979年北部濱海公路通車，1984年「東北角海岸風景特定區」計畫執行，兩者為澳底漁村帶來重大影響。一波波的旅遊人潮，帶動了觀光漁業的興盛，四處林立的海鮮店成為澳底最引人注目的街景，取代了原本寧靜素樸的漁村景觀。今天的澳底，早已從一個傳統的漁港聚落，發展成東北角最大、最著名的海鮮重鎮了。

### 風雲砂灘：鹽寮

過了石碇溪溪口，進入鹽寮；嶙峋的岩岸一變成為柔亮的砂灘。事實上，鹽寮砂灘和福隆砂灘是相連一氣的，都是由雙溪沖積大量泥砂入海，再經東北季風反推向內陸而形成。這一大片美麗的砂灘，除了是近年熱門的海濱遊憩點外

---

## 澳底的形成

今天所見的澳底漁港大灣澳，是由於斷層通過、海水侵蝕及陸地抬升所造成，下面就是其形成過程。

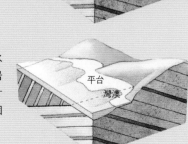

**①折出斷層**：約600萬年前，造山運動將海底岩層拱出海面，東北角一帶的山脈因此露出。強大的擠壓力量，將地表折出一道斷層。

**②侵蝕出灣澳與平台**：海水沿著脆弱的斷層及較鬆軟的岩層進行侵蝕，逐漸侵蝕出一片平台，並順著斷層鑿挖出一個大灣澳。

平台
灣澳

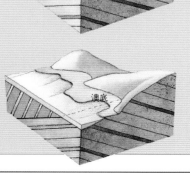

**③露出海面**：大約1萬多年前，淺海底的海蝕平台及灣澳被抬升上來，露出海面，就是今天所見的澳底漁港和漁村聚落所在。

澳底

---

## 澳底漁港的設施

目前被列為三級漁港的澳底漁港，是台北縣最重要的漁港之一，也是東北角最廣為人知的漁港。其漁業設施相當完備，作業方式也包羅萬象，可說是一個功能齊全、漁獲豐富的漁港。以下配合圖解來說明澳底漁港的各項設施。

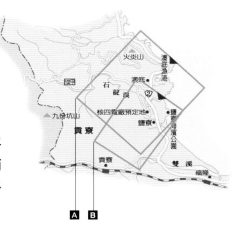

**修造船廠**：漁船維修的主要場所。斜坡道上鋪有軌道，可行台車；待修的漁船先駛至附近水域，工作人員將台車滑入水中，承載漁船之後，再拉引到斜坡道上，展開修護工程。

⑤澳底漁港　⑥台2號省道　　　　　　1989/08

①鹽寮海灘　②鹽寮海濱公園　③石碇溪　④台2號省道　⑤核四電廠預定地　　　1989/09

▲百餘年前，鹽寮曾是日軍登陸的風雲砂灘；今天，鹽寮又因核四電廠的興建成為社會關注的焦點。

◀澳底漁港是一個背山臨海的天然灣澳，目前發展成東北角最著名的海鮮重鎮。

，更是台灣近代史上一個重要的舞台。百餘年前，日軍由此上岸，揭開50年統治歲月，今天在「鹽寮海濱公園」內仍矗立著記述這段歷史的抗日紀念碑。

**日軍登陸**：1895年5月，根據「馬關條約」，日本派出大批艦艇，載運由北白川宮能久親王率領的「近衛師團」，前來接收台灣。當時日軍選定於5月29日下午2點在鹽寮海灘登陸。當天「東北風強勁，激浪拍岸，無法使用小艇，上岸十分困難。」日軍分批上岸後，部分朝內陸挺進，部分則暫留海濱。

北白川宮能久親王也於5月31日登陸，他與隨行人員在海岸不遠處設立「近衛師團司令部」，指揮戰事。隔年，日人在此地建造了一座「北白川宮征討紀念碑」。戰後，紀念碑被民眾搗毀，直到1975年，才又改建為今日鹽寮海濱公園內的「抗日紀念碑」模樣。

## 核四電廠預定地

為了因應國內經濟發展需要，繼核一、核二、核三廠之後，台電公司於1978年選定鹽寮砂灘與山坡間的一片廣大土地，作為核四電廠預定地，從此開啟了漫長的「反核四」抗爭運動。

台電選擇於此設立核電廠的理由是：

一、大台北地區活動人口佔全台灣總人口數的1/3，電力需求最迫切，故優先考慮設廠。

二、由於儀器精密、機組龐大，核電廠所在地務須地質穩定，而此處尚未發現有「活動斷層」，較適合設廠。

三、核能發電需要大量海水以供冷卻，建廠時設備運送、意外時人員疏散，更必須符合「交通便利」、「人口密度低」等條件，鹽寮恰好都具備。

但是，這些理由並不為當地居民與環保人士所接受，除了核能發電可能帶來的生態破壞或輻射意外外，反對人士更質疑台電的管理能力。再者，核能電廠運轉後所排放的溫水，對附近海洋生態將有不利影響；核廢料若處理不當更將危及人們的生命安全。因此，儘管核四已動工整地，反核人士卻始終不曾放棄努力。未來的發展，勢必一直是大眾所關心的課題。

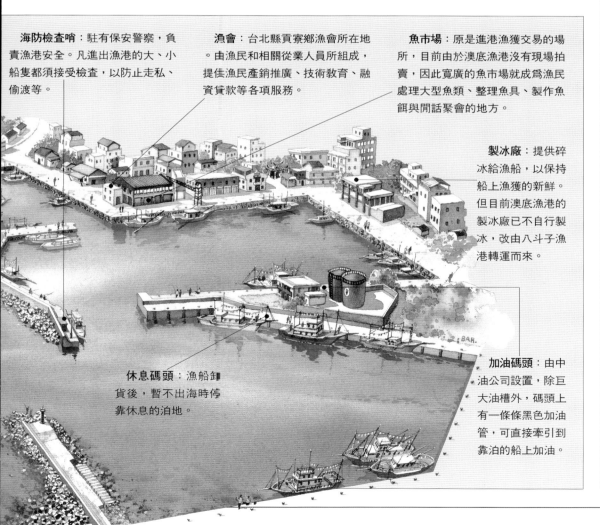

**海防檢查哨**：駐有保安警察，負責漁港安全。凡進出漁港的大、小船隻都須接受檢查，以防止走私、偷渡等。

**漁會**：台北縣貢寮鄉漁會所在地。由漁民和相關從業人員所組成，提供漁民產銷推廣、技術教育、融資貸款等各項服務。

**魚市場**：原是進港漁獲交易的場所，目前由於澳底漁港沒有現場拍賣，因此寬廣的魚市場就成為漁民處理大型魚類、整理魚具、製作魚餌與閒話聚會的地方。

**製冰廠**：提供碎冰給漁船，以保持船上漁獲的新鮮。但目前澳底漁港的製冰廠已不自行製冰，改由八斗子漁港轉運而來。

**休息碼頭**：漁船卸貨後，暫不出海時停靠休息的泊地。

**加油碼頭**：由中油公司設置，除巨大油槽外，碼頭上有一條條黑色加油管，可直接牽引到靠泊的船上加油。

# 福隆·三貂角

1998/08

在湛藍海水與翠綠山巒的襯托下，眼前這片綿長的金黃色砂灘顯得格外燦爛耀眼。這是北台灣最長的砂灘，也是東北角赫赫有名的渡假勝地——福隆。

從空中俯瞰，福隆一帶的山脈、溪流、聚落景觀歷歷在目：畫面中央，從群山中一路迴繞而出的溪流，就是東北角流域面積最大的雙溪；如果由河口往上回溯，可以發現福隆所在的台北縣貢寮鄉，全境大多是崎嶇的山地，只在雙溪河口附近有平原分布。

這處河口平原不但土壤條件極佳，同時是東北角最大的沖積平原，從史前、原住民到漢人時代，一直是聚落群集的地方，近年來更以海水浴場名聞遐邇。

在雙溪出海口附近，臨海的一側是「福隆海水浴場」，海岸上清晰可見金亮的砂灘和綠色植被覆蓋下的砂丘。內陸的福隆街鎮上，則聚攏了繁盛的街道與店家，台2號省道（濱海公路）和宜蘭線鐵路從中穿過，提供十分便利的交通網路。

順著濱海公路再越過下方青翠的山坡，就可抵達「卯澳」和「三貂角」了。三貂角是台灣島最東端，越過這個岬角再往前去，即進入宜蘭縣境域。整個北部海濱的空中散步，就以福隆和三貂角作為終點。

龍門公園
新社大橋
福隆車站
田寮洋
新社
舊社
鹽寮
核四電廠預定地
龍門橋
雙溪
鹽寮海濱公園
福隆海水浴場
福隆
內河大橋
挖子港
宜蘭線鐵路
台2號省道
福隆國小

# 福隆‧三貂角

## 本島最東北端的灣岬

從福隆、卯澳到三貂角附近，是台灣本島最東北端的一段海岸。福隆，擁有從鹽寮綿亙而來、燦爛柔媚的砂灘，不僅是北濱最長的砂灘所在，近年來更成為名聞全島的熱門海洋遊憩勝地。卯澳，是一處風貌獨具的傳統漁村；三貂角，則是台灣地理方位上的極東點。

### 著名的海水浴場：福隆

福隆位在東北角地區最大河流——「雙溪」的出海口。雙溪帶來的泥砂，堆積出肥沃的沖積平原，並造就了長達3公里的金黃砂灘，是北部海濱最綿長、動人的砂灘所在；目前已開闢為「福隆海水浴場」。在處處是嶙峋岩岸的北濱海岸線上，顯得十分難得可貴。

由於地處肥美的沖積平原上，福隆早在4,500年前，就有先民居住活動。在北部原住族群的傳說世界中，福隆一帶曾是凱達格蘭族和噶瑪蘭族兩群人的共祖登陸台灣、分途發展的起始點呢！

**新社與舊社**：漢人勢力大約在清乾隆年間開始進入本地。先是在雙溪河口北岸的「舊社」一帶墾殖，後來墾地日漸擴大，迫使原居舊社的平埔族三貂社人，遷避到其他地方，建立新的聚落，稱為「新社」；這便是新、舊社名稱的由來。此後，漢人逐漸在福隆形成大規模聚落、建立了漢人社會。

**海水浴場的先聲**：日治時期，福隆和金山、白沙灣等地陸續開闢為海水浴場，可說是北濱觀光休閒事業的先聲。戰後，隨著台2號北部濱海公路的通車，這片細緻柔軟的砂灘，更吸引了無數觀光人潮。

右上方的空照圖，便是福隆海水浴場附近的地景。由鹽寮延伸而來的砂灘，在雙溪出海口附近形成「砂嘴」，迫使雙溪彎繞出海，形成「內河外海」的特殊景觀，兩岸間靠一彎略呈拱形的「內河大橋」相通。而緊臨砂灘後側、目前覆蓋著綠色植被的「砂丘」，則是東北角最大的一片砂丘地，也是觀察海岸植物的絕佳地點。

①福隆國小 ②台2號省道 ③宜蘭線鐵路 ④  ⑤內河大橋 ⑥福隆海水浴場 ⑦雙溪 ⑧龍門公園

## 福隆砂灘的形成

在河川、海浪、沿岸流和東北季風等各項因素，長年累月的合作下，終於創造出福隆這一片東北角海岸最美麗壯觀的砂岸地形。

下面的說明圖，就是福隆砂灘、砂嘴與砂丘的形成過程。

②**形成砂灘**：強勁的海浪，將雙溪攜帶入淺海的泥砂，從海中再回沖到岸邊，日積月累，形成一片「砂灘」。

①**雙溪帶來泥砂**：雙溪是台灣東北角地區流量最大的河川，從雪山山脈一路奔流入海，沿途沖刷下來的大量泥砂，逐漸堆積在出海口附近的淺海中。

③**形成砂嘴與砂丘**：福隆附近的沿岸流，將砂灘上的砂向南搬運，在雙溪河口形成凸出的「砂嘴」。而東北季風也不斷將砂由海面吹向內陸，在砂灘後方堆積起隆起的「砂丘」。

①萊萊 ②三貂角燈塔 ③台2號省道 ④馬崗港 ⑤卯澳

## 遺世獨立的漁村：卯澳

位在福隆與三貂角之間，卯澳，以極其優美的弧度向內陸深深凹入。地名的由來，據說是因外臨大海，兩方山峰形若兔耳，由高處俯視，儼然就是一個「卯」字。

清朝時，卯澳是台灣與大陸對渡的重要地標，亦是宜蘭航向基隆的船隻，候風轉駛的停靠站。日治時期，成為北台灣主要的漁業據點之一。戰後，由於鐵、公路建設均未直接穿過村內，影響了卯澳現代化的腳步，卻也因此得以保留許多傳統漁村的原始風貌。今天，卯澳漁村內的石頭厝，是東北角僅存較完整的「就地取材」建築形式；海菜和飛魚卵的加工，則是當地居民最主要的經濟來源。在現代化觀光遊憩日益蓬勃發展的北濱城鎮裡，卯澳就像一個遺世獨立的海濱桃花源。

▼素樸靜謐的卯澳漁村，是北部海濱的一處世外桃源，聚落中還保有難得的石頭厝建築。

①卯澳 ②福連國小 ③台北縣水產種苗繁殖場 ④台2號省道 ⑤忠聖宮 ⑥大香蘭　　　　　1994/08

## 台灣島最東端：三貂角

左方照片，是在薄霧中從太平洋上空望向三貂角的迷濛壯闊景致。「三貂」名稱的由來，源於1626年西班牙艦隊行經今天的三貂角附近海域時，在航海日記內寫下的西班牙風味十足的名字──Santiago，這是西方文獻中最早關於台灣東北角的紀錄。後來，這一帶便陸續產生了三貂嶺、三貂溪等相關地名。

由於靜僻一隅，三貂角至今仍保有純樸、原始的本色。而位居台灣本島最東端的凸出岬角地形，使得三貂角成為自古以來海上航運的重要地標。日治時期1935年，在岬角盡頭的平台處，興建了一座高16.5公尺、黑頂白身的圓柱形燈塔。數十年來，這座造型簡明俐落的「三貂角燈塔」，猶如海上守護神般，指引航經此地船隻的安全。

④東北角海岸國家風景區管理處
⑨新社 ⑩龍門橋 ⑪舊社　　　　1992/04

▲福隆位在雙溪河口，是著名的海水浴場，擁有東北角最綿長的砂灘和最廣大的砂丘景觀。

▼三貂角是台灣本島的最東端。岬角沿岸布滿九孔養殖池，左、右兩側分別是台灣的磯釣聖地「萊萊」以及卯澳漁村。

⑥隆隆山 ⑦老蘭山 ⑧福隆 ⑨鹽寮　　　　　1992/04

富貴角

麟山鼻

石門鄉

石門

三芝鄉

大屯火山群

淡海新市鎮

淡水鎮

淡水河

八里鄉

觀音山

關渡

社子島

基隆河

石牌

天母

雙溪

大屯火山群

林口鄉

五股鄉

蘆洲鄉

疏洪道

重

三重市

士林

圓山

大稻埕

大直

內湖

基隆河

台北市

龜山鄉

老梅溪

石門

竹子山

金山

鹿坑溪

磺溪

新莊市

萬華

古亭

公館

景美

景美溪

三芝

菜公坑山

小觀音山

大油坑

中和市

永和市

新店市

面天山

大屯山

竹子湖

小油坑

馬槽

七星山

七股山

擎天崗

冷水坑

大尖後山

磺嘴山

向天山

淡水

中正山

大尖山

萬里

紗帽山

台北市

硫磺谷

龍鳳谷

華岡

磺碚溪

新店溪

烏來鄉

翡翠水庫

大屯火山群

見90頁

金山岬
金山鄉
萬里鄉
瑪鍊溪
五堵
基隆河
澳底
鹽寮
貢寮鄉
福隆
雙溪鄉
卯澳
三貂角
平溪鄉
石碇鄉
北勢溪
坪林鄉

# 大屯火山群的特色

位在台北盆地北方的大屯火山群，總共包含了20餘座大、小火山，是整個台灣島上規模最大的火山區；壯麗雄渾的山形，不僅構成台北盆地的最佳屏障，更是盆地北端最動人的天際線。

今天，驚天動地的噴發活動雖已停止，大屯火山群卻仍保留了相當完整的火山地形。1985年，大屯火山群以特殊的火山景觀與生態環境，正式被指定爲「陽明山國家公園」，是台灣島內探究火山奧祕的絕佳場所。

## 精采絕倫的火山地形

大屯火山群歷經200多萬年的噴發活動，形成今天所見氣勢磅礴的群山，以及豐富的火山活動遺跡。

現今大屯火山群中可以看見的著名火山地形，包括——

**火山體**：主要有「錐狀」和「鐘狀」兩種火山體，前者如七星山、磺嘴山、竹子山等，後者以紗帽山最典型。

**湖泊**：以「火山口湖」和「堰塞湖」爲主，前者如磺嘴池、向天池等，後者以竹子湖最具代表性。

**地熱**：包括「溫泉」和「硫氣孔」，前者有馬槽溫泉、硫磺谷溫泉、龍鳳谷溫泉等；後者以大油坑、小油坑最出名。

**峽谷**：火山與火山之間形成的深谷，如磺溪峽谷、鹿角坑溪峽谷等。

火山口湖

錐狀火山

磺嘴山和磺嘴池是錐狀火山和火山口湖的代表　1997/08

七星山是標準的錐狀火山　1997/08

紗帽山是一座鐘狀火山　1997/08

竹子湖是著名的堰塞湖　　　　1996/08

狀闊的大尖後山和磺嘴山　　　　1997/07

## 大屯火山群的形成

　　大約 280 萬年前，因爲「菲律賓海板塊」隱沒到「歐亞大陸板塊」底下 約 100 公里深處，造成板塊被熔解成岩漿。

　　高熱的岩漿順著地層裂隙湧冒，猛烈的噴出地表，台灣北部因此發生了一場驚天動地、雷霆萬鈞的火山爆發。噴發活動一直到20多萬年前才停止，造就出今天氣勢非凡的「大屯火山群」。

歐亞大陸板塊

菲律賓海板塊

堰塞湖

鐘狀火山

硫氣孔

溫泉

峽谷

陡峭的鹿角坑溪峽谷　　　　1996/09

硫磺谷溫泉是遠近馳名的溫泉勝地　　　　1996/08

小油坑的硫氣孔景觀十分撼人　　　　1996/08

87

# 千變萬化的火山群像

大屯火山群共有20餘座火山體，組成龐大壯觀的火山群。這些火山雖然都是由岩漿、碎屑岩等冷凝、堆疊而成，但每一座火山都各自有其獨特的形貌與風采。有的寬闊雄偉，有的挺拔峻峭，有的渾圓玲瓏，有的秀氣柔美⋯⋯真是千變萬化。從空中覽賞，特別能體會其引人入勝之處。

從「天母運動公園」附近眺望連綿壯麗的大屯火山群西側山峰　1999/05

大屯山因山勢渾圓如豬的背脊而得名　1997/07

山勢遼廣開闊的小觀音山　1999/05

山頂尖禿的向天山和面天山　1997/08

北投溫泉區附近的中正山　1997/08

富貴角

麟山鼻

向天池

面天山

向天山

中正山

硫磺谷

北投

八里

淡水河

觀音山

關渡

基隆河

二重疏洪道

淡水河

從「文化大學」附近眺覽大屯火山群東側山峰　　1997/08

## 大屯火山區的歷史變遷

大屯火山區受到火山地形的影響，較不具備聚落發展的地理條件，但卻以豐富的生態資源與特殊的硫磺物產，鋪陳出有別於其他地區的歷史故事——

**先民的獵場**：大屯火山區河流短切湍急，缺乏平坦河岸，自史前時代便少有聚落。但由於具備良好的動、植物資源，因此是早期先民的大好獵場。分布於淡水、北投一帶大屯山山麓的原住民村落，如大屯社、圭柔社、北投社等，也大多來此進行狩獵、採集等生產活動。

**硫磺生產中心**：活躍的地熱帶來豐富的硫磺礦，使得大屯火山區成為台灣唯一的天然硫磺產地，大磺嘴、大油坑等都是著名礦場。早在16世紀汪大淵的「島夷志略」，便有台灣出產硫磺的記載；而最有名的採硫事件，則是康熙36(1697)年，奉命來台採集硫磺的郁永河。

由於硫磺是製造火藥的重要原料，曾先後引起西班牙、荷蘭、法國等外人的覬覦。清廷特別設置「全台磺腦總局」，實施官辦專賣制度，生產的硫磺大多運往中國廈門。日治時期，改為民營，其中規模最大、開採歷史最久的是英商德記洋行。戰後至今，幾乎已經開採殆盡。

**休閒遊賞勝地**：日治時期，曾以大屯火山群豐富的天然資源與美麗景致，設置國家公園，陽明山地區因此成為高官貴人的旅遊勝地；豐沛的溫泉，更使本區出現眾多招待所、療養院與各式旅館。戰後，黨政機關、政治人物行館及學校等紛紛入駐，再串連以一條堂皇的仰德大道，大屯火山群的貴氣益發昌盛。

1985年，政府正式設立「陽明山國家公園」後，大屯火山區以奇罕的火山景觀和自然生態，在台灣的國家公園中，獨樹一幟。

紗帽山因遠看如一頂烏紗帽而得名　　1999/05

峻拔挺立的磺嘴山　　1998/07

七星山是大屯火山群的最高峰　　1997/08

小觀音山
竹子山
小油坑
七星山
大油坑
磺嘴山
竹子湖
陽金公路
夢幻湖
冷水坑
大尖山
陽明山公園
紗帽山

基隆河

# 大屯火山群

在大屯火山群上空遨遊，最能深刻體會火山噴發造成的千奇百怪風貌——高聳峻峭的火山體、凹陷低窪的火山口、蒼翠遼闊的草原、永不止息的地熱噴氣與溫泉、深谷急流的峽谷……這些難得一見的景觀，一一在眼前呈現出來。

大屯火山群是台灣島上規模最大的火山區，總共包含了20餘座大小山岳，有的磅礴雄渾，有的玲瓏秀氣，各自擁有獨特的風采。

畫面中所見，是在冷水坑附近上空俯瞰，這正是整個火山群群峰的心臟地帶。中間這座凹凸起伏的山頭正是大屯火山群的最高峰——七星山；山麓下可見一小窪池水，是著名的生態保護區「夢幻湖」，孕育有珍稀的水生蕨類「台灣水韭」。

七星山前方的小山頭是七股山，兩山間的鞍部，築有人工設施與田園的地區是冷水坑，現在是高山蔬菜產區與溫泉出處。往畫面右下方延伸而去的草原，已是擎天崗的範圍了，這裡可以看到遼廣綿延的高山草原景觀。

大屯火山群至今還保留了相當完整的火山地形，可說是認識台灣火山最珍貴的活教材。

面天山　大屯山　七星山　　　小觀音山
　　　竹子湖　　　　　　七股山
　　　　　　　　　　　　　　馬槽橋
　　　　　　夢幻湖
　　　　　　　　冷水坑
菁山路
　　　　　冷水坑遊客服務站　　　擎天崗
　　　　冷水坑溪

# 大屯火山群

大屯火山群是目前台灣島上保存最完整的火山活動遺跡，不僅提供了台北盆地北方壯闊的屏障，更蘊藏著令人驚異讚嘆的地質故事，創造了豐富的地表變化。

接下來，就配合精釆動人的空照圖，分別從火山體、湖泊、地熱、峽谷、草原等不同的主題，一一從空中來探究大屯火山群的奧祕。

## 火山體

火山爆發時所噴出的物質在冷卻、凝固後，會在地面上堆積出「火山體」。火山體的形貌隨著火山噴發的形式及噴出物質的不同而異；大體來說，大屯火山群有「錐狀」和「鐘狀」兩種火山體。

由於大屯火山群的噴發方式是屬於猛烈爆炸型態的火山活動，其噴發的物質以岩漿為主，並夾帶部分火山灰和火山碎屑岩，因此堆疊成高聳、峻峭的「錐狀」火山，如七星山、磺嘴山等。不過，濃稠的岩漿有時會從已形成的火山體側邊竄升噴出，另外堆積成一座較低矮的「鐘狀」火山體，如紗帽山。

### 錐狀火山

錐狀火山是由猛烈噴出的大量岩漿和碎屑岩，一層又一層堆積而成，山體顯得十分高峻、雄偉，大屯火山群大多屬於此種火山體。

從下方及右方兩張空照圖中不難看出，向天山、面天山和磺嘴山都是相當典型的錐狀火山，其中面天山的錐頂明顯挺立，而磺嘴山和向天山的山頂處，則可清楚看到中間向下凹陷的火山口。

▼面天山和向天山是錐狀火山的代表

①三芝　②向天池　③向天山　④面天山　⑤小觀音山　⑥大屯山　　　　1996/09

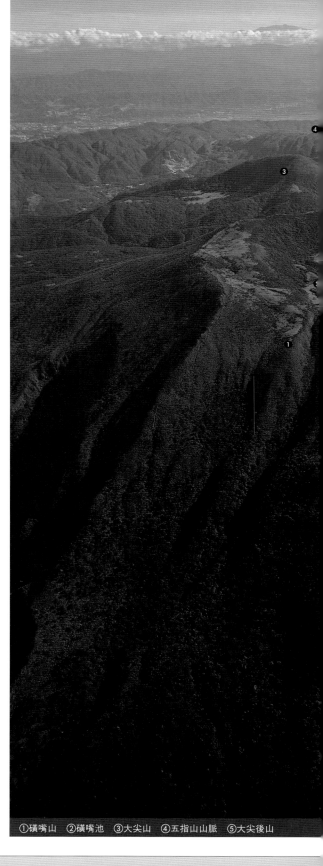

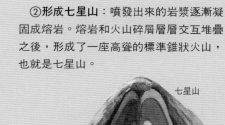

①磺嘴山　②磺嘴池　③大尖山　④五指山山脈　⑤大尖後山

### 七星山和紗帽山的形成

七星山和紗帽山正好是大屯火山群中，錐狀和鐘狀兩種火山體的最佳代表。

今天看來獨立的兩座火山，其形成過程其實是有先後主從關係的，先噴發的七星山是主體，紗帽山則是從主體衍生而出的寄生火山。下面是詳細的形成過程──

①火山噴發：大約在100多萬年前，在現今七星山的位置，開始了多次大規模的火山噴發。大量的火山岩漿沿著山底裂隙不斷向上湧出，火山灰、火山彈等也跟著四處噴飛。

②形成七星山：噴發出來的岩漿逐漸凝固成熔岩。熔岩和火山碎屑層層交互堆疊之後，形成了一座高聳的標準錐狀火山，也就是七星山。

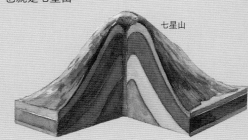

七星山

## 鐘狀火山

鐘狀火山是由十分濃稠、黏度極大且流動緩慢的岩漿逐步堆疊而成，因此外形比錐狀火山低矮。下方空照中的紗帽山就是一座典型的鐘狀火山，這是從中山樓後方看紗帽山，因山形看來有點像古代官員所戴的烏紗帽，因此得名。

事實上，今天看來山形渾圓獨立的紗帽山，屬於七星山的「寄生火山」，由於是大規模火山活動中的小型噴發，因此在大屯火山群中，顯得比較小巧袖珍。

◀礦嘴山是一座磅礡壯觀的錐狀火山

▼山形渾圓的紗帽山是典型的鐘狀火山

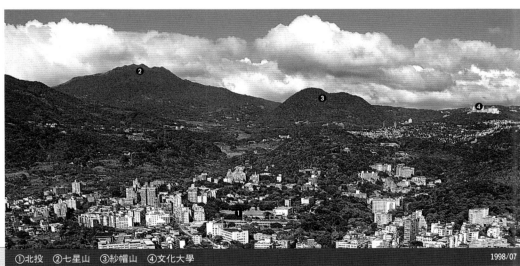

▲七星山是一座獨立的錐狀火山，旁邊的紗帽山則是後來噴發的寄生火山。

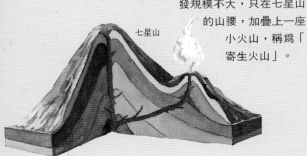

③寄生火山噴發：到了約50萬年前，七星山地底下的岩漿再度沿著山腰的裂隙往上竄升，但噴發規模不大，只在七星山的山腰，加疊上一座小火山，稱爲「寄生火山」。

七星山

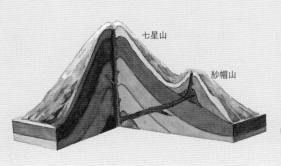

七星山

紗帽山

④形成紗帽山：這座寄生火山的岩漿凝固之後，形成了今日所見造型渾圓、看來宛如一頂烏紗帽的典型鐘狀火山——紗帽山。

# 湖泊

因大屯火山群的猛烈爆發活動而直接或間接形成的湖泊地形，大致可分成兩種：「火山口湖」和「堰塞湖」。

火山爆發時，大量的岩漿與火山灰從爆裂口噴出；噴發活動停止後，原來的爆裂口附近就形成一個四面高而中間低的盆狀地形，稱爲「火山口」。火山口長期積水就變成「火山口湖」，如磺嘴池。此外，火山噴發流出的岩漿，有時會將山谷圍堵住，而形成「堰塞湖」，最有名的是竹子湖。

①向天池　②向天山

1996/08

## 火山口湖

大規模猛烈的火山爆發後，除留下大屯火山群內一座座雄偉壯闊的錐狀火山外，火山錐頂的爆裂口也形成一個個凹塌的火山口，這些火山口如果積聚雨水，便成爲如湖泊般的「火山口湖」。

由於大屯火山群噴發的年代，距今已經相當久遠，大多數的火山口已被風化、侵蝕，不容易辨認。今天，在大屯火山群的火山口湖中，比較典型而著名的，要算左方和下方照片中的「向天池」和「磺嘴池」了。從空中可清楚看出這兩個火山口湖如盆狀凹窪的地形，磺嘴池內還有少許積水。

這些殘留的火山口成爲火山爆發的最佳證據，也是珍貴的火山地形之一。

◀向天池的火山口目前覆蓋著綠色植被，看不出積水。

▼磺嘴池是大屯火山群中最著名的火山口湖

## 磺嘴池的形成

①**磺嘴山噴發**：大約100多萬年前，在今天磺嘴山一帶，火山開始噴發；大量的岩漿層層堆疊，最後冷卻、凝固成高峭、錐狀的磺嘴火山。

磺嘴山

②**形成火山口**：火山停止噴發後，岩漿和火山碎屑噴出的爆裂口，就形成四周高、中間低的凹陷地形，稱爲「火山口」。

火山口

③**形成火山口湖**：經年累月，磺嘴火山口中盛積了許多雨水，便成了「火山口湖」，也就是一般所說的「磺嘴池」。

火山口湖

①磺嘴山　②磺嘴池　③金山

## 堰塞湖

堰塞湖和火山爆發活動並沒有直接的關係。它不是火山的爆裂口，而是火山流出的滾燙岩漿，在冷卻後將山谷圍堵住，形成封閉的窪地，加上雨水和河水的蓄積，逐漸變成一個山中的湖泊。

右方照片中的竹子湖，就是最著名、標準的堰塞湖。雖然今天的竹子湖已絲毫見不到湖水的踪跡，但當初卻是個水波蕩漾的湖泊，後來因四周岩石不斷崩落堆積，湖泊才被填平，並開墾成今天的農田景觀。

竹子湖因為海拔高而平坦，除了是台灣「蓬萊米」的原種外，現今，更是大台北地區夏季高冷蔬菜與海芋等花卉的著名產地。

### 竹子湖的形成

①**火山噴發**：大約在 100 多萬年前開始，火山噴發形成了大屯山、小觀音山和七星山，3 座火山正好圍出一個山間凹地。

②**形成封閉凹地**：到了約35萬年前，七星山再度噴發，向山凹流動的滾滾岩漿，堵住了山凹的出口，使這 3 座火山中間，形成一個封閉的凹地。

③**積水成湖**：雨水逐漸蓄積在封閉的凹地中，形成一個山間的湖泊，這就是竹子「湖」的由來。

④**開墾成田**：竹子湖四周的岩石受到侵蝕，不斷崩落並堆積在湖中，久而久之，將湖泊填為平地，留下一片豐美肥沃的土地，供開墾利用。

▼竹子湖是由七星山、大屯山和小觀音山圍堵而成的山間凹地，早期曾積水成湖。

①大屯山 ②竹子湖 ③小觀音山 ④百拉卡公路 ⑤湖田國小　　　　1996/08

### 蓬萊米的故鄉

早期台灣產的稻米是由大陸引進的「在來米」；日本人治台後，因吃不慣質地較硬且黏性較差的在來米，因此便從日本引進許多稻米品種，在台灣各地試種，準備大量生產推廣。但是這些品種卻不能適應台灣溫度高而日照長的氣候，紛紛失敗。

後來有一位日本專家發現竹子湖一帶是理想的種植地點。由於竹子湖的地勢特殊，氣候溫涼且日照短，比較接近日本的氣候，加上低凹的盆狀地形環境較封閉，可有效隔離在來種花粉的影響，因此種植成功。竹子湖就成為蓬萊米改良的原種田，一般人稱作「台灣蓬萊米的故鄉」。

▲肥沃的竹子湖是台灣蓬萊米的故鄉 (1996/08)

# 地熱

火山猛烈的噴發活動停止後，地底深處往往還殘留著帶有餘溫的岩漿，成為地下熱源；這些熱源將地下水加溫煮熱後，以水或水蒸氣的方式，順著附近斷層裂縫冒出地表，就形成「溫泉」或「噴氣孔」等「地熱」現象。其中，噴氣孔的蒸氣中若含有硫氣，就稱為「硫氣孔」。

大屯火山群的地熱現象至今仍十分活躍，其中溫泉大多集中在金山到北投之間，可說是全台灣溫泉最密集的地區，比較著名的有馬槽溫泉、硫磺谷溫泉、龍鳳谷溫泉、陽明山溫泉等。而奇特的硫氣孔景觀，則以大油坑和小油坑最負盛名。

## 溫泉

當雨水滲入地底形成地下水，再經地熱高溫燒熱後，順著地層縫隙湧冒出地面，就是一般人所熟悉的「溫泉」了。

大屯火山群的溫泉露頭非常多，密度高居全台之冠，其中以帶有硫磺質的溫泉為主；共分成10餘個溫泉區，約有30多個溫泉露頭。因適合沐浴，開發極早，目前大多已被旅館、民宅接管引用。下面配合照片來看看幾處有名的溫泉區。

**硫磺谷溫泉**：左方照片是硫磺谷溫泉附近的景觀。硫磺谷一帶自古以來就以溫泉和硫磺著稱，據傳早在清朝康熙年間，郁永河便曾來此採集硫磺；從空中可以清楚看到，被燻成一片灰黑、斑駁的岩壁以及泥漿般的泉池。

**龍鳳谷溫泉**：右方照片中位於七星山和紗帽山前方，長條狀的白灰色山壁就是「龍鳳谷溫泉」所在。龍鳳谷是北投地區很受歡迎的溫泉區，水溫大約在50度上下，泡湯最適宜。區內設有遊客中心及多處溫泉浴池，是台北人紓解身心的最佳地點之一。

**馬槽溫泉**：右頁左下方照片，是馬槽地熱附近的地理形勢。照片右上角的七星山側，有一處崩塌的凹壁，就是馬槽溫泉的露頭，也是馬槽溪的源頭。陽金公路由此跨溪而過，而馬槽橋下方就是名聞遐邇的馬槽溫泉浴室，此處溫泉的水溫較龍鳳谷稍高。

①惇敘高中 ②陽明山第一公墓 ③硫磺谷溫泉 1996/08

▲硫磺谷溫泉自古以硫磺和溫泉著稱

①陽明山第一公墓 ②惇敘高中 ③七星山 ④紗帽山

## 溫泉和硫氣孔的形成

名聞遐邇的大屯火山群地熱現象——溫泉和硫氣孔，其形成的主要原因如下：

①**殘餘的地下熱源**：從200多萬年前開始噴發的大屯火山群，雖然早已停止一切噴發活動，但地層中仍殘留著高溫的岩漿餘熱。

②**豐富的地下水源**：大屯火山區雨量十分充沛，大量的雨水滲入地層後，受到殘餘地熱蒸煮，一部分變成滾燙的地下水，一部分變成地底蒸氣，並含大量硫氣。

③**斷層通過**：大約40餘萬年前產生的「金山斷層」，正好通過大屯火山群附近，在岩層間產生大大小小的裂隙。滾熱的地下水和蒸氣，沿著裂隙不斷往上冒出地表，形成溫泉和硫氣孔。

溫泉

硫氣孔

地下熱源

地下熱源

①陽金公路 ②馬槽溫泉浴室 ③馬槽橋
④馬槽溪 ⑤馬槽溫泉露頭 ⑥七星山　　　　1996/08

①小油坑遊客服務中心　②小油坑　③七星山　　1996/08

▲崩塌的岩壁與裊裊白煙構成小
油坑硫氣孔的奇特景觀

◀龍鳳谷溫泉水溫適中，是熱門的
泡湯勝地。

①龍鳳谷溫泉 ⑥行義路 ⑦文化大學　　　1996/08

大屯火山群最典型而著名的硫氣孔，
要屬上方照片中的小油坑與下方照片中
的大油坑了。因硫氣具有極強的腐蝕性
，這兩個地方在高溫和強蝕硫氣的蒸煮
之下，土質變得鬆軟而一一塌陷下來，
目前仍在不斷的崩塌中。其噴出的縷縷
白煙，不但把四周裸露的岩壁燻成黑色
，草木也無法生長，呈
現出一片荒涼的景色，
與四周的藍天綠地形成
強烈對比。

硫磺蒸氣在噴發後，遇
冷即在土地表層及噴發口
附近凝結成鮮黃色的硫磺結晶，使得大
屯火山群成為全台唯一的天然硫磺產區
，探硫的歷史已有 300 多年，早期與樟
腦、茶、糖並稱「台灣四寶」。但目前
已幾乎開採殆盡了。

## 硫氣孔

地下水被地熱蒸煮成
水蒸氣噴出地表，就形成「噴氣孔」。
噴氣孔其實也是溫泉的一種，但是它只
噴蒸氣而不噴水。如果噴出來的氣體中
含有硫氣，就稱為「硫氣孔」，此種地
形最能顯現出火山的驚人威力。

▼大油坑過去是台灣重要的硫磺產地

①大油坑　②擎天崗　　　　　　　　　　1996/07

①陽金公路 ②馬槽溫泉浴室 ③馬槽橋
④馬槽溪 ⑤馬槽溫泉露頭 ⑥七星山　　1996/08

▲馬槽溫泉位在陽金公路旁，交通十分便捷。

# 峽谷

深谷急流是大屯火山區另一項重要的地形特色。

大屯火山群共有20餘座峭立的火山，山與山之間形成許多深凹的山谷。這些火山是雙溪、磺溪等河川的發源地，由於海拔高、流路短，加上山區雨量豐沛，附近又有斷層通過；因此，河水在流經坡度陡急的山谷時，就很容易在斷層帶附近，切穿出深峻的 V 字形峽谷地形來。

河水如果流經懸崖，便會造成引人注目的瀑布景觀。

## 磺溪峽谷

右方照片是鹿角坑溪與磺溪峽谷附近，可清楚看出溪流在群峰夾峙下潺潺流過的景觀。

大約40多萬年前，有一道「金山斷層」通過現今磺溪河谷的位置，在地表拉開一條大裂縫。由於斷層通過之處岩石較破碎，容易被侵蝕，溪水便逐漸沿著脆弱的斷層侵蝕，最後終於鑿蝕出深峻的峽谷來。

① 磺溪　② 鹿角坑溪　　　　　　　　1996/09

▲ 鹿角坑溪與磺溪峽谷，是典型的大屯火山區峽谷地形。

# 草原

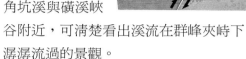

綿延的大屯火山群，在山頂或兩山間鞍部的地方，有時可發現成片的草原景觀；其中最遼闊、最著名的要數「擎天崗」了。擎天崗草原也是極重要的牧場之一。

## 擎天崗草原

擎天崗草原位於七星山和磺嘴山夾峙的鞍部，高約750公尺。根據推測，這片低矮草原的形成，可能和人為長期的放牧有關。

擎天崗草原自清朝起就是有名的牧場，日治時期曾在此設立大嶺峠牧場，放牧牛群；戰後1952年，改設為「陽明山牧場」。

近年來，隨著「陽明山國家公園」的觀光熱潮，這片蒼翠遼廣、景色怡人的擎天崗青青草原，早已成為北台灣著名的郊遊勝地。下方兩張空照圖，分別由不同的角度，眺望擎天崗草原遼廣、蒼翠的迷人景致。

① 七星山　② 冷水坑　③ 七股山　④ 擎天崗　　1996/08

▲ 在擎天崗上空眺覽，眼前盡是濃淡不一的草原和低矮灌木叢。

① 冷水坑溫泉浴室　② 冷水坑　③ 牛奶湖　④ 冷水坑遊客服務站　⑤ 擎天崗　⑥ 大尖山　　1996

▲ 由冷水坑附近上空望向擎天崗一帶的景觀

①文化大學 ②紗帽山 ③七星山 ④華崗

1996/0□

# 平台

大屯火山群因為是由猛烈爆發的岩漿和碎屑岩堆疊而成的錐狀火山，山體大多高聳陡峭，很少出現平坦的地塊，只在少數幾個地方，如華崗、十八分、小平頂等才見得到較為平緩的地形。這些平坦地塊自然而然成為聚落和農田集中的地區。

## 華崗平台

原名「山仔后」的華崗，是一塊平坦的高地；因文化大學設於此，取「美哉中華，鳳鳴高崗」之意，因此又稱為「華崗」。上方照片中，高聳的七星山矗立在後方，中間有渾圓凸起的寄生火山——紗帽山，紗帽山前方黃色屋簷處就是文化大學所在。

華崗因地勢平坦，又位在陽明山區入山的主要道路中段，因此成為大屯火山群境內人口最多、聚落最密的地區；除文化大學外，還有格致國中、華崗藝校以及眾多別墅群。

**文化大學**：文化大學因高居華崗平台上，又被稱為台北「最高」學府，創辦於1962年。雖然校地只有20公頃，但文化大學的師生人數已超過兩萬人。校內主要建築約有10棟，設計上都採用中國式的金黃屋頂；錯落的建築群所形成的天際線，長久以來都是台北盆地北望最顯眼的地標。

▲文化大學所在的華崗，是一塊高起的平台，境內聚落密集且人口眾多。

此外，文化大學附近有「下東勢產業道路」直通天母，沿途視野良好，近年來成為展望台北盆地的最佳地點之一。

**中山樓**：位於七星山麓的中山樓，並不在華崗平台上，而是與文化大學隔著紗帽山相對；這裡是每年國民大會開會的議場所在。

左下方照片中隱約可見中山樓背倚七星山、前臨紗帽山的地理位置；而下方照片則清楚看出整個中山樓的建築配置。中山樓在1960年代是非常重要的政治象徵物，一般人常在百元紙鈔上見到它；近年來則因吵鬧不休的國民大會而聞名。

▼陽明山中山樓是國民大會的議場所在（1996/0□）

◄位在紗帽山旁高地上的文化大學，是台北的「最高」學府。

①七星山 ②中山樓 ③紗帽山 ④文化大學 ⑤華崗

1996/08

# 台北盆地

B
社子島　　見108頁

C
天母・石牌　　見112頁

D
士林　　見116頁

A
關渡平原　　見104頁

P
大漢溪中下游　　見164頁

麟山鼻

富貴角

三芝鄉

淡水鎮

八里鄉

觀音山

關渡

淡
水
河

五股鄉

蘆洲鄉

社子島

石牌

天母

雙溪

基
隆
河

士林

林口鄉

泰山鄉

重
疏
洪
道

三重市

大稻埕

圓山

大直

內湖

基
隆
河

台北市

龜山鄉

新莊市

大
漢
溪

萬華

新
店
溪

板橋市

中和市

永和市

公館

景美

古亭

木柵

新店市

樹林鎮

土城市

鶯歌鎮

三峽鎮

翡翠水庫

烏來鄉

**E** 圓山　　　　見120頁

**F** 基隆河新生地　　見124頁

**G** 信義計畫區　　見128頁

**H** 仁愛路周邊　　見132頁

**I** 台北城　　　　見136頁

**J** 大稻埕　　　　見140頁

**M** 公館・古亭　　見152頁

**N** 板橋・雙和　　見156頁

**O** 三重・新莊　　見160頁

**K** 萬華　　　　　見144頁

**L** 大安森林公園　見148頁

金山岬
金山鄉
萬里鄉
瑪鍊溪

南渡
基隆河
社子島
石牌
天母
淡水河
蘆洲
五股
士林
圓山
三重
大稻埕
台北市
新莊
泰山
萬華
潭美
松山
信義計畫區
板橋
古亭
大漢溪
新店溪
永和
中和
樹林
土城
三峽
峽溪
石碇鄉

水滴洞
鼻頭角
龍洞
金瓜石
貢寮鄉
福隆
題隆
卯澳
三貂角

# 台北盆地的特色

台北盆地是由大屯火山群、林口台地及丘陵山區圍繞而成；大約是淡水河系三大支流的中、下游地區。主要包含今天的台北市和台北縣的板橋、中和、永和、三重、新莊、樹林、土城等地。

這片群山環抱、溪流縱橫的秀麗盆地，不僅曾在台灣變幻起伏的歷史舞台上，扮演引領風潮的核心角色；如今的台北市，更是台灣的首府，也是台灣第一大都會。

現今，台北盆地內有充滿傳統風味的老街、古城；有令人目眩神迷的新穎建築、計畫區；也有農、工、商、住混雜的衛星城……這樣的地景構成，和近代以來的都市規畫與開發息息相關。整個台北市街的發展，大致是沿淡水河而起，由西向東，再向四周擴張的局面。

## 發展源起：台北三市街

清代中葉，今天台北市西區一帶的艋舺、大稻埕和台北城，逐漸形成「台北三市街」，是台北都市發展的起源地。前兩者緊臨淡水河，是叱吒一時的繁華港埠；後者是一座完整的中國城池，如今仍可從街道結構約略辨識出當年宏偉的格局和規模。

台北三市街可說是全台灣累積最多歷史與文化刻痕的地區，至今仍保有許多珍貴的歷史遺跡，是台灣屹立不移的政經、文化中心。

台北城是台灣的政經與文化中心　1999/05

艋舺是台北市最早開發的地區　1998/07

大稻埕曾是商業鼎盛的國際港埠　1996/07

大安森林公園是日治時期規畫的核心公園之一（1998/08）

從新店溪上空眺覽台北盆地西側，遠方有觀音山、大屯火山群環繞，盆地內有淡水河、新店溪蜿蜒流過。　1996/07

1970年代以後，台北「都市核心」之外的地區，如台北市的士林、天母、內湖、南港、景美、木柵，以及台北縣的板橋、中和、永和、三重、新莊、樹林、土城等地，接二連三發展起來，就像衛星般包圍著台北核心區，因此稱作「衛星城」。

由於縣、市行政資源的差異，台北市的士林、天母等地，擁有較理想的環境品質與開發型態；台北縣各衛星城則普遍呈現出較零亂的住、農、工、商混合的城市邊緣風格。

# 都市核心區的形成

日治時期，致力推動市區改正，除大幅改造台北城周邊區域外，在其整體的都市規畫中，基隆河以南、新店溪以北的範圍，也屬「都市核心」地區。

在此區域內，規畫了數十條主要幹道、十餘座大型公園以及住宅、學校、機場用地等，成為後來台北市都市開發的主要架構。這個區域具有獨特的風味，與戰後因移民潮而開發起來的外圍住宅區明顯不同。例如，自成系統的綠色軸線與公園規畫；仁愛、建成等明顯的中心圓環與放射狀街道；古亭、東門一帶寬敞幽靜的日式住宅區……

戰後，進一步往東發展。其中，「信義計畫區」是全台灣第一個實施都市設計管制的地區，展現出一股新穎耀眼的都市風貌，成為新時代的國際金融櫥窗。此外，因基隆河截彎取直而來的新生地，如潭美、大直等重畫區，也是另一波充滿潛力的新空間。

仁愛圓環是台北都市核心區的重要軸線　1998/07

士林、天母是環境品質佳的衛星城（1998/07）

大直重畫區是基隆河的新生地　1996/10

新莊是住、農、工混合的衛星城　1999/05

從新店溪上空俯瞰台北盆地東側，遠方是大屯火山群與五指山山脈，山脈下隱約可見基隆河流過。　1995/07

# 關渡平原

1996/08

眼前這片綺美翠綠的平野，彷彿開敞、氣派的迎賓大門，令人心胸為之舒爽，欣然展開台北盆地的空中巡遊。

這片廣大的關渡平原，是目前台北盆地內規模最大、潛力最高的綠色寶庫。從高空往下俯視，整個地景一覽無遺，特別顯現出它的美與珍貴。

由遠而近一一瀏覽：最遠處大屯火山群的面天山、大屯山、七星山等，山巒起伏環立，是最佳的屏障；山麓地帶屋舍密集處，便是著名的北投溫泉區一帶；接下來是舒展開闊的關渡平原，包含了水稻田、沼澤地，一直伸展到基隆河畔；左側則是關渡山及其周邊以關渡宮為中心的聚落。

關渡平原地勢十分低窪，從空中可清楚看出，平直的大度路從平原中央橫切而過，緊臨基隆河岸處則築有「關渡防潮堤防」。堤防外大片的深綠色沼澤地是台灣重要濕地之一的「關渡自然保留區」，也是珍稀的紅樹林生長地。堤防內布滿水稻田、淺塘、草澤地，豐富多樣的生態環境，吸引大批水鳥前來覓食活動，目前已規畫為「關渡自然公園」。

這片兼具自然與人文特色的關渡平原，真是台北盆地內最重要的綠色瑰玉，令人讚賞。

國立藝術學院　復興崗站　七星山
面天山　大屯山　紗帽山
關渡站　奇岩站　大同公司
北投站
忠義站　北投
北投捷運機廠　關渡　下八仙
關渡　大度路
關渡自然公園
關渡山　關渡宮　關渡自然保留區
中港溪　基隆河
關渡防潮堤防
淡水河　社子島

# 關渡平原

# 台北的綠色寶庫

關渡平原得天獨厚地同時擁有平原、溪流、濕地與山丘環境，是目前台北盆地內碩果僅存的一片廣袤綠野。豐富的生態條件不但孕育出多樣的濕地生物與珍罕的紅樹林，更是每年候鳥遷徙的重要驛站。此外，位居台北盆地「峽門」的地勢，也使關渡成為往昔漢人最早入墾的地區之一，至今還留有香火鼎盛的古廟「關渡宮」為證。

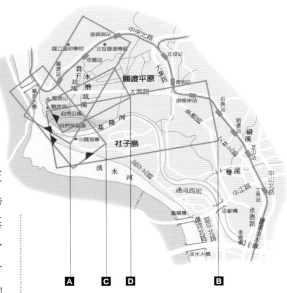

①關渡宮　②關渡山　③國立藝術學院　④關渡平原　⑤大屯火山群

▲從兩張併排的空照圖可看出，關渡平原和社子島位在基隆、淡水兩河匯流處的低濕地帶，擁有十分豐沛的生態資源，是台北盆地內難得的一處綠色寶藏。

## 珍貴的河口濕地

位於大屯山腳下、基隆河與淡水河交匯處的關渡平原，和河中靜躺的社子島（見108頁）一樣，都是長年以來由基隆河和淡水河攜帶下來的泥砂，一點一滴堆積而成。從右上方兩張併排的照片中，可以清楚看出關渡平原、社子島和基隆河、淡水河一帶地理環境的相互關係；其中關渡平原是基隆河岸的氾濫平原，而社子島則是位於河中的砂洲。

**豐富多樣的生態**：由於恰好位在基隆河和淡水河匯流的低平地帶，關渡平原先天上便容易因水流緩滯而積水；再加上漲潮時，海水可以直接侵入，於是形成了北台灣最大的一片半淡半鹹濕地。

這片濕地提供複雜多樣的生態環境，讓無數生物在此棲息活動。除珍稀的水筆仔紅樹林外，還有蘆葦、香蒲、茳茳鹹草等水生植物；林木裡也蘊藏著彈塗

---

## 關渡平原與社子島的形成

關渡平原和社子島的形成歷程密不可分，兩者都是歷經數十萬年來大自然的神奇力量，從台北陷落成盆地到基隆河和淡水河泥砂堆積，一步一步累積而成的河岸氾濫平原和河中砂洲，下面就是其形成過程——

**①台北盆地下陷**：40至50萬年前，由於觀音山、林口一帶的斷層受到一股舒張力量的影響，使斷層東側滑落、下陷成「台北盆地」，西側則相對抬高成「林口台地」。

**②古基隆河改道**：台北盆地下陷後，由於地勢變低，原本從瑞芳北流出海的古基隆河，因此被搶了過來，改變原有流路，轉而流向西側的台北盆地。

**③堆積氾濫平原與砂洲**：基隆河進入台北盆地後，形成蜿蜒的曲流，並在今關渡附近與淡水河匯集，河岸及河中便開始堆積泥砂，產生氾濫平原和砂洲。

**④形成關渡平原和社子島**：隨後又歷經基隆河道遷徙以及多次海進海退，最後堆積出一片氾濫平原，就是今天的「關渡平原」；而河中的砂洲也形成葫蘆狀的「社子島」。

①淡水河　②觀音山　③基隆河　④關渡平原　⑤社子島　　1997/07

▲臨近淡水河出海口的關渡平原和社子島，都是基隆河和淡水河帶來的泥砂，長年堆積形成的。

## 關渡自然公園與保留區

關渡平原是台北一處兼具豐富生物資源和美麗自然景觀的綠色寶庫。長久以來，人們對這片土地一直採取比較低度、消極的利用方式，大部分地區都維持水稻農作的栽植；也因此為台北盆地保留了一片規模最大、潛力最高的未開發綠地。

近年來，在土地開發和生態保育的考量下，曾經有過許多不同的規畫案；但目前唯一定案者，只有大度路到關渡防潮堤防間的關渡「自然公園」，以及堤防外「自然保留區」的畫訂。「關渡自然公園」是台灣第一座自然公園，在避免人為干擾的原則下，盡量減少各項設施，期望經營出一片休閒教育與生態保育兼備的開放空間。

魚、花跳、招潮蟹、玉黍蜀螺等各式各樣的動物和貝類，充分展現出蓬勃的濕地生命力。

**候鳥的驛站**：關渡平原東北側有大屯火山群，阻擋了東北季風的吹襲；又位在台灣本島的西北角，因此成為每年候鳥南遷到台灣的第一個補給站，也是牠們在春天北返故鄉時，離開台灣的最後覓食場所。根據統計，本區出現的鳥類高達 150 餘種，真是賞鳥的天堂。

### 台北盆地的峽門

古名「甘豆」的關渡，早期曾是平埔族人的生息空間；到清康熙年間，漢人聚落漸具規模，成為台北盆地內漢人最早入墾的地區之一。

**峽門地形**：因地當淡水河出盆地口的東側，附近河寬只有 400 公尺左右，加上兩岸分別有大屯、觀音兩山的支脈延伸至此，形成夾峙的「峽門」；因此，關渡自古便是水路進出台北盆地的重要門戶。

康熙年間，郁永河從八里乘船沿淡水河駛入台北盆地，即對此地「先狹後寬」的地形印象深刻，曾在遊記中描述：「……共乘海舶，由淡水港入。前望兩山夾峙處，曰甘答門，水道甚隘，入門，水忽廣，漶為大湖，渺無涯涘……」

今天的關渡，地形大致如昔；從空照圖中不難看出，除關渡山山麓一帶——即「關渡宮」附近，已發展出較為密集的市街建築外，整個平原幾乎仍維持著一片寬闊遼廣的碧野平疇景觀。

### 信仰中心：關渡宮

主祀天上聖母的「關渡宮」，是關渡地區最重要的信仰中心，也是北台灣具有 300 年以上悠久歷史的寺廟之一。

關渡宮原名「天后宮」，最初建在關渡山山頂，康熙56（1717）年左右，才下移到山麓地區；由此可推知，漢人在此定居建廟的時間，可以回溯到17世紀末葉。乾隆以來，廟宇曾歷經多次翻修，今天所看到的關渡宮已經是一座富麗堂皇、雕樑畫棟的巍峨廟宇了。每年一到春節期間，來自台灣各地的善男信女，往往將關渡宮附近擠得水洩不通。

▲珍貴的關渡濕地已列為保護區。關渡防潮堤防兩側的「自然公園」和「自然保留區」，是大台北地區觀察紅樹林、鳥類和各種濕地生物的絕佳場所。

◀位在關渡山山麓的「關渡宮」，建廟迄今逾 300 年，是北台灣歷史悠久的重要廟宇，也是關渡地區的精神信仰中心。
（1996/07）

# 社子島

從高空往下望，社子「島」奇特的地理形勢清晰展現——在淡水河、基隆河匯流處交夾出一片凹凸有致的美麗綠地，尖尖的砂嘴遙遙指向出海口。

社子島浮躺於兩河之間，呈現腰細、頭尾雙大的地形，所以又被稱爲「葫蘆島」。在青山綠水環繞下，不論從哪一個方向眺望，都不難感受其秀麗引人的造型之美。

這個河中砂洲，和關渡平原隔河相對，都是台北市內僅存的低密度開發區，因此都還保留有綠意盎然的田地，和遠處的青翠山巒一起輝映。相較於山腳處的水泥叢林，真有幾分像是台北市的世外桃源了。

社子島名曰「島」，早期確實是個獨立的小「島嶼」（見內頁）；但1970年代初期，尾端已被填塞而與台北盆地連成一氣，現在其實是個「半島」。由於本身屬於地勢低窪的河中砂洲，每當豪雨來襲、河水氾濫時，島上立刻淹成一片水鄉澤國景象；水患，一直是島上居民揮之不去的夢魘。但這樣的自然條件，另一方面卻使它成爲台北最具親水潛力的空間，水資源的開發利用是近年來最熱門的話題。

從空中鳥瞰這個三面環水的半島，不難感覺出它與水之間的親密關係；對社子島的居民而言，與水之間或許是一分既親且懼、錯綜複雜的情感吧！

# 社子島

## 綠水中的葫蘆

　　今天我們所看到的社子島形貌，事實上是經歷了自然與人為雙重力量共同雕造而成。先有基隆河和淡水河攜來泥砂，形塑出一個獨立的社子「島」；後有人類的工程技術，將原本的獨立島和台北盆地連接起來，變成一個「半島」。近年來，洪患與開發，更成為社子島的熱門話題，如何兩者兼顧將是一大考驗。（地圖參106頁）

### 獨立砂洲變半島

　　社子島和關渡平原一樣，都是由基隆河和淡水河的泥砂沖積形成（見106頁）。最早原是河中的獨立「砂洲」，其形狀雖會隨河水水流的大小而稍有變化，但因腰細、頭尾雙大，看起來像個葫蘆，因此，一般人習稱為「葫蘆島」。

　　1963年起，為了整治水患及建設道路，人工技術開始一步步改變社子島的外形。先把葫蘆的底部從中切開、再把分隔社子島和台北盆地間的舊河道填平（詳見下方說明），終於變成現在的「半島」模樣。今天的社子島以延平北路為主要聯外道路，並藉「百齡橋」東通士林、「重陽橋」西接三重。

①關渡 ②基隆河 ③社子島 ④洲美 ⑤士林 ⑥圓山飯店

▲從觀音山附近眺覽台北盆地，眼前的社子島以無比優美的姿容，靜靜躺臥在淡水河和基隆河之間。社子島和關渡平原是目前台北市僅存的低度開發空間。

### 社子島的演變

　　今天看來像個半島、與台北盆地相連的社子島，是在自然形成後，又歷經人為改造的結果，以下是其演變的過程。

　　①獨立的砂洲：社子島所在的位置，正好是基隆河與淡水河匯流的低窪地區；兩河匯流處原本就有利於泥砂的堆積，加上曲折異常、流速漸緩的基隆河，從上游一路沖刷大量泥砂下來，經過長年累積，終於在河中形成一個狀似葫蘆的獨立砂洲「社子島」。

　　②切開社子島：由於基隆河河道蜿蜒曲折，洪水常患，因此在1963年擬定的「淡水河治本計畫」中，決定將圓山中山橋以下的基隆河截彎取直（見119頁），並將社子島從後港墘一帶切開，開挖新河道。從此，葫蘆下方變窄，而原屬社子島的後港墘，也和基隆河廢河道相連，成為士林的一部分。

　　③連成半島：1970年代初期，中山高速公路興築時，為了填固路基，將貫通基隆河、淡水河間的番子溝，也就是社子島和大龍峒間的河域，填為陸地。如此一來，社子島便與台北盆地相連一氣，成為「半島」，而不再是一個獨立的「島」了。

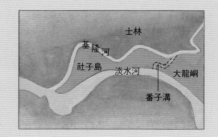

▼重慶北路交流道附近，原是分隔社子島和大龍峒間的「番子溝」（虛線部分）；1970年代被填平後，社子島與台北盆地相連，不再是獨立的小島。

①淡水河 ②重陽橋 ③百齡橋 ④基隆河 ⑤後港墘 ⑥圓山飯店 ⑦社子島 ⑧重慶北路交流道 ⑨大龍峒　1996/08

⑦中國海專 ⑧淡水河 ⑨重陽橋 ⑩淡水大橋 ⑪台北市區 ⑫三重 ⑬蘆洲 ⑭觀音山　　　　1992/08

## 今天的洪泛區

由於是河中低窪的砂洲地，社子島的地形常因洪水沖蝕而產生遷移、改變的現象；颱風期間更經常淹水，造成當地居民與政府極大困擾。

**大台北的洪泛區**：受到自然條件的限制，社子島早在1970年代的大台北防洪計畫中，即被畫定為「洪泛區」。也就是說，平時可以利用，一旦大洪水來襲，它將被洪水淹沒，以宣洩盆地內的大水，確保台北其他地區的安全。因此，在都市計畫上，社子島便被歸為「限制發展區」，只在島的外圍興建低保護作用的防潮堤，遠遠低於台北盆地內其他地區的堤防。至今，社子島和基隆河對岸的關渡平原一樣，成為台北市內僅存的大片低度開發空間。

**防洪與開發**：社子島居民無法接受家園被設定為洪泛區，長期以來，不斷陳情要求加高築堤。同時，島上土地的開發利用也成為各方關注焦點。

1996年，賀伯颱風來襲，社子島一夕間成為水鄉澤國，防洪與開發問題再度浮現。如何在「保障居民合理發展權益」與「顧全台北地區防洪需求」間尋求平衡點，成為政府極大挑戰。

## 百年前的砂洲地

從下方日治時期1904年的堡圖中可看出，近百年前的社子島，大致仍維持獨立砂洲島的模樣。這個砂洲島在清康熙年間即有記載，不過當時的面積可能與後來略有差異。

**地名與聚落**：「社子」地名的由來，一般認為是源起於平埔族「麻少翁社」的舊社所在。清代與日治時期，社子島總共包含了3個庄，對照右側的堡圖可以看到：葫蘆底部有「社仔庄」、中段有「溪洲底庄」、前段則有「中洲埔庄」。而舊地名「社仔」的範圍，主要是指堡圖上的社仔、三角埔、渡仔頭、葫蘆堵以及後港墘等地區。

當時，社仔庄一帶是整個島上聚落最集中、人口最多的地區，大約在乾隆中葉之前就形成漢人街庄了。中段的溪洲底庄，雖然地勢低窪，但從堡圖上來看，也闢有廣大稻田及數個零散分布的聚落。倒是前端的中洲埔庄，看來仍是一片未開發的砂磧地模樣，未有太大的發展，聚落也只有一個。

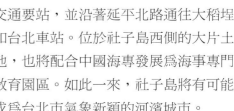

▼從百年前的老地圖中，可以看出社子島腰細、兩頭大的「葫蘆」狀。當時島上大多是稻田、砂地，還有幾處聚落分布其間。

## 未來的河濱城市

根據初步規畫，在面積322公頃的全區土地中，將畫出180公頃作為高保護區，將住、商、工及娛樂區納入；其餘土地則畫為戶外遊樂用地，僅作低度保護，以維持防洪功能。

未來社子島最高容納人口將增加至5萬3千人。在整體的空間規畫上，與關渡平原互相配合，以東側為主要開發範圍，西側盡量保持其自然形態。島上將設置賞鳥公園、自行車專用道、文化專用區、多功能碼頭以及觀光旅館、電影院、主題遊樂區等，預計要發展成台灣北部功能完整的休閒遊憩地區。

屆時島內將引進輕軌電車連接附近的交通要站，並沿著延平北路通往大稻埕和台北車站。位於社子島西側的大片土地，也將配合中國海專發展為海事專門教育園區。如此一來，社子島將有可能成為台北市氣象新穎的河濱城市。

# 天母・石牌

　　飛臨外雙溪一帶，越過山巒，往淡水河口方向眺望，可看到台北盆地北部的地景，天母、石牌一帶更是歷歷在目。

　　眼前展現的畫面中，下方是「故宮博物院」；可清楚看到雙溪蜿蜒流去，在出山谷處沖積出士林平原的一部分，並往前匯入基隆河；而與雙溪並行的至善路，則反向一直深入到內雙溪（見 192 頁）的山中。

　　往較遠處眺覽，以雙溪為界，左側是「士林」（見 116 頁）；右側密密麻麻的都市地景中，主要包含了天母、石牌、北投等幾個區域。

　　天母和石牌位於台北盆地的外緣，僅僅在50年前，除了少數聚落外，大部分都還是人煙稀少的農田、園圃。一直到了1970年代前後，才納入改制後的台北市範圍，並且快速發展起來。尤其是天母，由於青山背倚，溪流迴繞，擁有大都會中特別珍貴的自然資源，更是受到矚目；近些年來異軍突起，成為居住區和商業區的寵兒，至今已經是密布著數不清建築的繁華地帶。

　　而這樣別具一格的地理特色，從空中俯瞰是最能清楚體會的了。

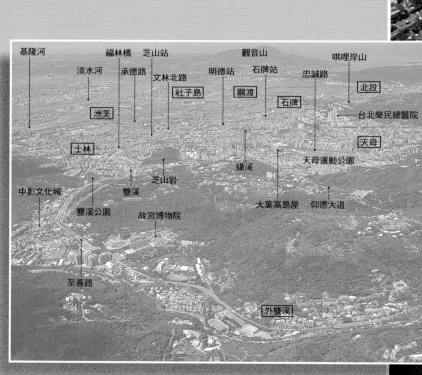

基隆河　　福林橋　芝山站　　　觀音山　　　　嗶哩岸山
淡水河　承德路　文林北路　明德站　石牌站　　忠誠路　　北投
　　　洲美　　　　社子島　關渡　　　　　　　　　　台北榮民總醫院
　　士林　　　　　　　　　　石牌　　　　　　　　天母
中影文化城　　　　芝山岩　礦溪　　　　　　天母運動公園
　　　雙溪公園　雙溪　　　　　大葉高島屋　仰德大道
　　至善路　　　故宮博物院
　　　　　　　　　　　　外雙溪

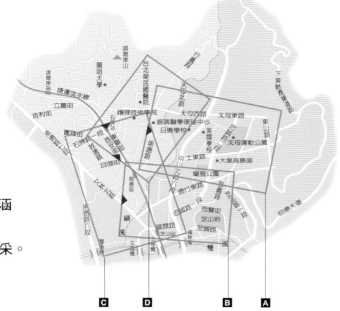

# 天母・石牌

## 山環溪繞的好所在

磺溪與雙溪流經的天母、石牌一帶，由於前有潺潺溪流，後有青翠碧綠的大屯火山群，自然條件絕佳，因此昔日即吸引了大量外國使節、富商巨賈進住，形塑出以高級住宅和異國風味商圈聞名的獨特形象。

此外，芝山岩的珍貴文化史蹟、榮民總醫院龐大的醫療資源，加上捷運淡水線帶來的便利交通，更進一步強化了本區的文化內涵與生活機能；天母、石牌確實是台北市郊魅力獨具的好居所。

下面就配合 4 張空照圖，細細來品味整個天母、石牌地區的風采。

### 充滿高級意象的天母

一般所說的「天母」，大致是指雙溪與磺溪交匯點向東北展開的範圍（見右上地圖粉紅色部分），也就是過去的「蘭雅庄」一帶；現在區內還可見蘭雅國中、蘭雅國小及蘭雅公園等名稱。

**天母精華區**：照片A展現的正是今日深具獨特意象的天母精華區域。畫面中央有迤邐流過的磺溪，兩側分布著帶狀的河濱綠地和華廈住宅。在目前台北都會區內少數幾條流經集居區的河流中，磺溪是與居民關係相當密切的一條。沿溪兩岸規畫有多處公園綠地，結合蜿蜒的水道，成為台北市內十分難得的自然休閒空間。

畫面上方，磚紅的「美國學校」與灰白的「日僑學校」，以顯眼的姿態盤立在風姿綽約的中山北路兩側；與中山北路略為平行的忠誠路上，可清楚看到一大片綠黃空地，正是往昔霓虹璀璨的啤酒屋、現在的「天母運動公園」；空地右側呈圓弧狀的棕色建築，就是國內第一座擁有水族館的百貨公司──「大葉高島屋百貨」。

再看左側邊緣，一條直通山腳的筆直道路，即是充滿異國情調的天母東、西路。道路兩側及巷弄間，一家家風格獨具的 Pub、各國風味的餐廳、精緻名店以及各式各樣稀奇古怪的舶來品專賣店……共同營造出「天母商圈」獨具一格的神祕高格調風采。

**芝山岩**：照片B涵蓋的是夾峙於磺溪和雙溪之間的天母芝山岩一帶地區。畫面上，捷運淡水線和其上隱約可見的中山北路，兩條主要幹道橫貫而過；位於雙溪河畔、幾乎被水泥叢林淹沒的一塊凸出綠色小丘，就是台北盆地內鼎鼎有名的重要文化資產──芝山岩。

芝山岩的珍貴在於同時擁有人文與自然的豐富遺跡。目前被列為二級古蹟的「芝山岩史前遺址」，是台灣地區最早發現的史前遺址。清代與日治期間，芝山岩分別發展成士林地區的信仰中心與全台教育中心；至今還留有惠濟宮、隘門、同歸所等史蹟。此外，特殊的地質形成過程也使芝山岩蘊藏了許多罕見的

▼由磺溪附近東眺天母精華區，可以看到天母背倚大屯火山群、前臨磺溪的優越自然環境，難怪會成為台北都會區最具魅力的好居所。

▼從文林北路上空東眺，雙溪與磺溪兩岸的景觀一覽無遺。其中位在雙溪河畔的小丘──芝山岩，是台北極珍貴的「文化史蹟公園」。

①磺溪　②天母西路　③天母東路　④日僑學校　⑤中山北路　⑥美國學校　⑦忠誠路　⑧天母運動公園　⑨大葉高島屋　⑩蘭雅公園　1997/09

①捷運淡水線　②磺溪　③忠誠路　④芝山岩

植物品種，如皮孫木、八芝蘭竹等。

日治時期，台灣總督府已將芝山岩指定爲風景保安林區，成爲台北近郊自然植物的保護區。戰後迄今，經過芝山地區居民和生態史蹟學者的努力，台北市政府終於在1998年正式將芝山岩畫爲「文化史蹟公園」。

## 因鐵路而興的石牌

「石牌」的範圍，大約是磺溪和文林北路交會點以北到唭哩岸山一帶的空間（見左頁地圖黃色部分）。因清乾隆時官府曾在這裡立界石，以區分漢人與平埔族的土地界線而得名。

**依鐵路而興的住宅區**：照片C中清楚顯示，捷運淡水線、承德路等主要交通動線，縱向聯結了石牌與遠處的台北核心地區。同時可見整齊的5層樓公寓密集地分布開來，街塊與街塊之間是一條條10米以下的道路；這些住宅大多是在1970年代由農地改建而成。

石牌與台北一般市郊住宅區不同之處，在於它是一個依靠「鐵路」而非公路發展起來的地區。在北淡線鐵路停駛之前，石牌是介於士林與北投之間的小站，住宅區便依賴鐵路與市區聯繫，因此在街道結構上沒有穿越街區的大幹道，而是以車站爲中心，由平均分布的區內街道所構成。

北淡線鐵路改闢爲捷運之後，產生明顯的影響：首先，在原有的士林站與石牌站之間，新增了「芝山」與「明德」兩站，更方便本區對外聯繫；其次，捷運高架後新生了地面的道路與帶狀休閒空間，使捷運沿線一改從前鐵路的邊界性格，反而成爲交通與景觀的中心。

**台北榮民總醫院**：照片D從捷運石牌站上方眺覽，大屯火山群下的石牌、天母地區一覽無遺。在這一片稠密的建築中，左方一幢方正的白色大樓十分顯眼──這就是在台灣醫療體系中佔有重要地位的「台北榮民總醫院」。

成立於1959年的台北榮總，最初的服務對象僅限於退除役官兵，後來逐步開放一般民眾的醫療業務；同時也是國防醫學院與陽明大學的教學醫院。今天，位於天母、石牌間的台北榮總和周邊的振興醫學復健中心、陽明醫學院、護理技術學院等，已共同構成台北地區規模最大的醫療與教學中心，直接帶動了石牌與天母地區的發展，榮總的醫院大樓也成爲本區最顯眼的地標。

①捷運石牌站 ②台北榮民總醫院 ③七星山 ④護理技術學院 ⑤振興醫學復健中心 ⑥美國學校　1996/08

▲由捷運石牌站附近望向東北方，前景是石牌，後方是天母。櫛次鄰比的樓宇，沿著山坡一路往下擴展；左側的台北榮民總醫院是本區的醫療中心。

▼由捷運石牌站上空南眺，石牌的地景主體盡是塊狀分布的平整公寓，以及公寓頂樓加蓋的紛雜色彩，充分透露出市郊住宅區的典型性格。

⑤中山北路 ⑥雙溪 ⑦文林北路　1997/09

①石牌站 ②捷運淡水線 ③明德站 ④磺溪 ⑤芝山站 ⑥士林站 ⑦雙溪 ⑧文林北路 ⑨承德路 ⑩基隆河 ⑪社子島　1996/08

1997/09

# 士林

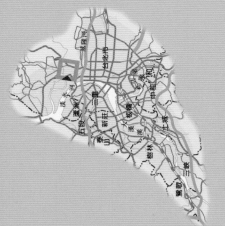

這近眼前的，是在擾攘擁擠的大台北都會中難得一求的大片空地，正展現著充滿達勃活力的氣象。

這一片不可思議的「新生地」，正是基隆河「截彎取直」後所遺留下來的廢河道，經過填土後，與原屬社子島的部分土地合併，出現這樣奇特的景象。

在畫面上，遠方有青線的劍潭山綿亙橫臥，近處則有基隆河和雙溪交匯合，跨雙溪面有一連串橋樑，由遠而近分別是——兩座農橋、福林橋、士林橋、文昌橋和雙溪橋等，連接士林和石牌、北投的交通。

在這一山兩河的環抱中，清晰呈現「老士林」與「新士林」的大部分地區。若以畫面上基河路、天文科學教育館一帶為界，大致可分成兩部分：上半部從劍潭山山麓而下，布滿密麻麻的高低房舍，以及中山北路、文林路等交通動線穿越的地區，約略是老士林所在。下半部一直延伸到河岸，包括士林高商、士林區行政中心、北區監理處……還有多處空地在內的，就是重新規畫發展的新生區域。

過去士林曾藉著基隆河的舟楫之利，成為台灣北部重要的物資集散中心。今天，這個老聚落將因基隆河道的改變而帶來新的契機，真可謂蓄勢待發、強勁可期。

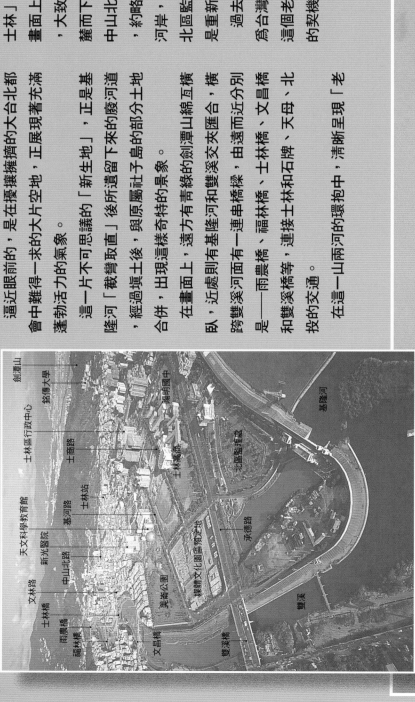

劍潭山　銘傳大學　士林區行政中心　土商路　士林站　天文科學教育館　新光醫院　中山北路　文林路　士林橋　雨農橋　福林橋　基河路　陽明國中　北區監理處　承德路　文昌橋　美崙文化園區預定地　雙溪橋　雙溪　基隆河

# 士 林 北區的商業文化中心

士林有老市街、有新生地；無論是新是老卻都因緣於一個關鍵性角色——基隆河——的曲直變化。

舊名「八芝蘭」的士林，早年在基隆河尚有舟楫之利時，曾是基隆河上重要的帆船集散碼頭；河運衰退後，士林地區非但未曾蕭條，反而因基隆河「截彎取直」工程的完成，以及對廢河道新生地的規畫開發，而轉化爲台北市北區的商業文化中心。

## 北區的夜生活據點

士林早期聚落發展所在，就是一般人口中習稱的「老士林」，約指劍潭山山麓一帶的中山北路到基河路間的大部分區域（見地圖紫色部分）。主要包含今天的前街、後街，大小東、西、南、北街路，以及文林路、文昌路等。老士林昔日雖然具有背山面河的地理形勢，但發展過程卻是先從離基隆河較遠的「舊街」起源，再到濱臨河岸的「新街」。

**舊街**：士林市街源起的「八芝蘭街」，即所謂「舊街」，指今前街和後街一帶。清中葉以前，因舊街的位置四通八達，在當時發揮了集散地方土產以及販運海鮮的功能；許多魚販甚至遠從金山、基隆等地，挑運海鮮來此販賣。

**新街**：清道光年間艋舺、大稻埕等河港商埠漸開，河運利用越顯重要；舊街地點由於和基隆河道仍有一段距離，在發展上漸感限制與不便。到咸豐年間，舊街在漳泉械鬥中被焚毀，當地士紳便選擇在比較靠近當時基隆河道的地區，興建「新街」，範圍大概就是今大小東、西、南、北等街路所組成的街廓。從清末到日治1910年代左右，新街的圳道一直是士林地區對外裝運起卸物資的重要帆船碼頭；北淡線鐵路通車後，才逐漸失去舟楫之利。

**士林夜市**：戰後，隨著台北的蓬勃開發，老士林也逐漸朝商業區的角色發展，到今天已是台北市北區數一數二、繁榮強勁的商業中心。

尤其昔日的新街一帶，更形成具有地方飲食和商業特色的「士林夜市」；每天入夜後，來自各方的人潮湧現，燈火輝煌、人聲鼎沸，儼然成爲台北市重要的夜間生活據點。

## 台北新文化中心

老士林背山面河的地形，雖曾帶來便利的河運交通，卻也因基隆河道的大轉彎，而常年飽受淹水之苦。一直到「截彎取直」工程（詳見右頁下說明）完成後，才終於紓解了水患夢魘；同時在新、舊河道間產生了一片寬廣的新生地（見地圖粉紅色部分），爲士林的發展注入無窮的潛力。

**台北新文化中心**：廢河道新生地一帶的開發利用，給士林帶來前所未有的活力。基本上，整個新生地附近的規畫藍圖，是以構築一個結合文化、商業與休閒空間的「台北新文化中心」爲目標；對於區內的建築造型、色彩景觀等都有整體性規定，成爲繼「信義計畫區」之後，台北市第二個實施都市設計管制的新市區。

①雙溪 ②士林橋 ③中山北路 ④捷運士林站 ⑤天文科學教育館 ⑥基河路 ⑦士林夜市 ⑧銘傳大學 ⑨劍潭山

1998/08

◀劍潭山下的老士林一帶，是繁華熱鬧的商業區；高低錯落、五顏六色的建築，從山腳下一路延伸到塽河而來的基河路附近。

「台北新文化中心」的主角有三：一是以科學教育為主的設施，如天文科學教育館、台北海洋生活館等。二是強調休閒商業功能的美崙公園、區域型購物中心等。三則是最令人矚目期待的「媒體文化園區」——園區範圍極廣，除新生地外，還包括了雙溪和承德路兩側地區；將闢建一系列國家級的文化設施，包括國家廣播電台、國家電影文化中心、國家通訊社、傳播媒體活動展示中心、報業博物館等；並計畫引進「輕軌電車系統」作為交通工具。

想像將來的士林之旅，除老士林熱鬧滾滾的夜市外，還可乘坐輕軌電車、欣賞一流的媒體展演、經歷高科技的宇宙劇場……台北新文化中心似乎將給士林帶來不同以往的嶄新的風貌。

①雙溪 ②承德路 ③媒體文化園區預定地 ④美崙公園 ⑤新光醫院 ⑥天文科學教育館 ⑦基河路 ⑧士商路 ⑨北區監理處 ⑩士林高商 ⑪士林區行政中心 ⑫捷運士林站 ⑬台北海洋生活館 ⑭基隆河　1996/08

◀基隆河和雙溪環繞下的三角形空曠地區，就是未來「台北新文化中心」的主要舞台。

## 把彎曲的河道拉直

基隆河來到士林一帶，展現了弧度優美的大轉彎，雖然帶給士林臨河的親暱關係，卻也帶來揮之不去的水患夢魘；最後，在人類的整治工程下，自然彎曲的河道硬是給拉直了。下面就對照右側地圖和照片，來說明基隆河原來是怎麼轉「彎」？後來又如何被取「直」成今天的模樣？

右圖中藍色部分是今天的河道，紅色虛線部分則是截彎取直前的河道。從圖中可以看出，原來自東向西流的基隆河，經過圓山後，突然轉彎北上，並在士林一帶形成大曲流。1963年的「淡水河治本計畫」，將圓山中山橋附近至社子福安里一帶的基隆河河道拉直，社子島因而被從中切開，開挖出一條長達1,828公尺、寬約150公尺的新河道，並築「百齡橋」連接兩端。後來興築高速公路時，又將番子溝的河道填平（見110頁）。

從此，士林平空增添了一大片新土地（地圖中粉紅色部分）：包括原屬社子島的後港墘以及填平舊河道後，在今天基河路與士商路之間形成的新生地。

### 基隆河截彎取直對照圖

北

▶截彎取直後的士林地區全景。左側靠近劍潭山的紅色虛框範圍是老士林；右側夾峙於基隆河、雙溪間的黃色虛框範圍，則是截彎取直後的新生地。

①捷運士林站 ②劍潭山 ③圓山飯店 ④基河路 ⑤士商路 ⑥基隆河 ⑦百齡橋 ⑧雙溪 ⑨雙溪橋 ⑩承德路 ⑪社子島　1996/08

# 圓山

圓山飯店矗立在綠色的劍潭山山麓，金瓦紅柱特別耀眼。畫面中的飯店建築，雖然正值屋頂整修期，卻絲毫不影響其高聳、獨特的身姿，不愧是聞名世界的台北地標。

在空中俯視劍潭、圓山一帶，山崙逶迤延伸，基隆河自遠處迢遙流來，不難想像昔日這裡曾是有「潭」有「山」，風光明媚、秀麗雅致的風貌。

從地理位置來看，繞過五指山餘脈的劍潭山，再越過基隆河，就算是真正進入台北盆地的主要區域內了。圓山一帶由於有著這樣的地理條件，因此各方的交通動線會聚於此，縱橫交錯，充分顯示出此地的輻輳樞紐地位。

眼前所見，中山高速公路與堤頂快速道路，雙雙橫過圓山飯店前，並且與基隆河流向略顯平行；另有 3 條重要交通動線與其交叉而過：由右而左分別是中山北路、捷運淡水線和承德路，都是連接台北城內與台北盆地北方的士林、北投、淡水地區的交通要道。

不僅如此，位於照片正中央的綠色小丘「圓山仔」，其實是台北市最重要的史前文化遺址之一——「圓山遺址」所在地。小丘上，原本是馳名全台的孩童歡樂地——「圓山動物園」和「兒童樂園」，不過在動物園遷往木柵之後，目前是重新規畫使用的「兒童育樂中心」。

大屯火山群　劍潭青年活動中心　五指山山脈　中山二橋　新生高架道
中山高速公路　圓山飯店　忠烈祠　中山橋　大直橋
劍潭山　北安路　基隆河
堤頂快速道路　　　　　　　　　　　　　　　　大直
圓山天文館
圓山仔　兒童育樂中心　　　　立天術館
臨濟護國禪寺　中山北路
承德路　捷運淡水線　圓山站

# 圓山
## 時間與空間的傳奇

從歷史的角度看圓山，是一頁可以上溯數千年的複雜故事；從空間的角度看圓山，其複雜程度也毫不遜色。從史前的圓山遺址到日治時期的殖民統治象徵，再到今日立體交通幹道的樞紐，圓山不論在人類活動的歷史、土地使用的種類以及交通設施的多樣性，幾乎都居台北都會區之冠。

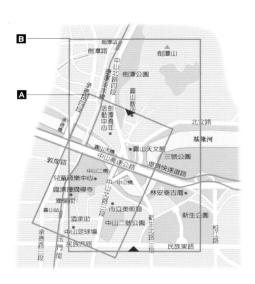

### 圓山今昔

圓山，原指目前兒童育樂中心所在的「圓山仔」小山丘，以其山形渾圓而得名，今則泛指其周邊地區。從出土的考古遺物推測，至少在4,500年前，就有人類在此生存。

**圓山遺址**：右上方的空照圖，清楚顯示出今天景觀複雜的圓山地區。然而，早在數千年前，當台北盆地還是一個大湖泊的年代，圓山是凸出於湖中的小山丘，史前先民在此傍水而居。日治時期，曾在這裡發現大規模的貝塚及豐富的考古遺物，稱為「圓山遺址」。圓山遺址是台灣考古學史上最早被發現的幾個遺址之一，也是帶起台灣考古學發展的關鍵性遺址。目前雖已被指定為古蹟，卻仍受到地面建築的壓迫而逐漸緊縮，失去原貌。

▲在數千年前的「台北湖」時代，今天「兒童育樂中心」所在的「圓山仔」，是凸出於湖中的小丘，史前人類在此聚居、活動。

**崇高的政治象徵**：清朝時，圓山依山臨水的清幽景致，曾吸引士紳陳維英在此築別墅而居，稱為「太古巢」。日治時期，日人在劍潭山山麓興建全台規模最大的「台灣神社」，並有明治橋、敕使道可直通最高統治機構「台灣總督府」，圓山附近因此成為一個具有崇高政治象徵意義的所在（詳見右頁說明）。

此外，從日治到戰後1970年代之前，圓山周邊也一直是台北市郊十分優雅美麗的地方，明治橋、圓山公園、動物園和以「劍潭幻影」聞名遠近的劍潭……創造了許多台北人的浪漫記憶。不過，自1970年代中期起，此種美麗和悠閒的景致逐漸被巨大的工程破壞了！

**立體交叉道路集中點**：從下方照片的左側看起，首先是「新生高架道」，它是台北市最早興建的高架道路，市府將瑠公圳加蓋後闢建而成，自1975年分段通車，是大直、北投以及士林進城的快速車道。緊接著，又在圓山天文館與當時的動物園（今兒童育樂中心）之間興建高速公路「圓山大橋」，橋孔跨徑長達150公尺，非常壯觀，但也對景觀造成極大的衝擊。

1990年代，高速公路不敷使用，又緊鄰著原來的路基興建「堤頂快速道路」，跨距更大更高；同時，也在中山北路興建「中山二橋」，期望紓解圓山車流。如此，加上北淡線鐵路改建的「捷運淡水線」，圓山一帶成為各種道路多方向立體交叉的集中點。在這些巨大工程的環伺下，中山橋頓時失色而漸被忽略，甚至可能為了防洪計畫而遭拆除。

▼今天的圓山一帶已成為台北市內交通設施與景觀最複雜的地區，各式交叉的高架道路系統，將原本秀麗典雅的景致破壞殆盡。

①兒童育樂中心　②中山北路　③市立美術館　④中山橋　⑧基隆河　⑨新生高架道　⑩林安泰古厝　⑪忠烈祠

A

①圓山飯店　②新生高架道　③圓山天文館　④中山二橋　⑤市立美術館　⑥中山足球場　⑦兒童育樂中心　⑧堤頂快速道路　⑨高速公路圓山大橋　⑩劍潭青年活動中心　⑪中山北路　⑫捷運淡水線　⑬基隆河

1997/09

台灣神社由於背倚劍潭山、前臨基隆河，與當時日本殖民政府的統治中心「台灣總督府」南北相對，益發彰顯其地位的特殊重要。自建成以後，凡有日本達官貴人來台，必定先到此參拜；每年10月28日的例祭日，天皇更會派敕使由日本來台致祭。

戰後，國民政府將神社改建為宴請國賓的賓館，後又擴建為高層的「圓山飯店」；美輪美奐的紅色屋身加上金黃色的大屋頂高踞於劍潭山山腹上，成為整個盆地的重要地標。在松山機場尚未改作國內機場之前，它甚至成為國門的象徵，看到圓山飯店就確定抵達台灣了。

⑤中山二橋 ⑥圓山飯店 ⑦劍潭山
⑫大屯火山群                    1995/08

▲圓山飯店雄踞台北盆地的北方，背倚劍潭山，前臨基隆河，地理環境絕佳。圖為1995年失火後重建的景象。

## 圓山飯店與台灣神社

今天金碧輝煌的圓山飯店，其所在地的前身是日治時期的「台灣神社」。當時的台灣總督府選擇在台北城北方、地勢凸出的劍潭山山麓，興建一座全台灣規模最大的神社──「台灣神社」。

▲位於劍潭山山麓的圓山飯店，原址是日治時期的「台灣神社」所在，具有重要的歷史意義。（1994/09）

## 中山橋與明治橋

中山橋的前身是完成於1901年的明治鐵橋，當時是城內通往台灣神社的必經之道。1930年，明治鐵橋改建為鋼筋混凝土橋，橋中央為快車道，兩旁為人行道。最大特色是橋下的拱形橋墩，以及橋上的花崗石橋欄與青銅路燈；典雅端麗的外型，居當時全台橋樑之冠。戰後，改名中山橋，隨著交通流量日增，橋的兩側加以拓寬，造型也因而改變。

## 中山北路與敕使道

中山北路是清代至日治台北城內通往士林、北投、淡水的唯一道路，初闢於清乾隆45（1780）年。光緒年間，劉銘傳加以擴建，道路兩旁盡是良田阡陌與塘埔縱橫的風光。台灣神社建成後，修築為連接總督府與神社間的敕使道，並拓寬至40公尺。中間為快車道，兩旁植樟樹，裝設路燈；外側是慢車道，最外側則鋪水泥方磚、植楓樹，電線埋於地下，是當時台北設備最完善的道路。

戰後，改名為中山北路。在圓山飯店建成後，中山北路成為接待國家外賓的必經之路，曾有「外交大道」之稱。

### 具有統治象徵的建築組合

今天我們所看到的圓山飯店、中山橋及中山北路，在歷史上是一個具有濃厚統治意味的道路與建築組合。此一象徵意義的歷史由來，源於日治時期。從下方1935年日人所繪的「大台北鳥瞰圖」，可充分領略出日本殖民政府的用心。

當時，為了紀念接收台灣的「近衛師團」團長北白川宮能久親王，並進一步強化統治者的威權地位，於是在劍潭山山腹興建「台灣神社」，與城內的「台灣總督府」遙遙相對，形成強烈的空間統治意象。後來，為便於官民到神社參拜，並在參拜過程中感受到統治者的威嚴，又特地修築了連接台灣神社與台北城內的敕使道及明治橋。希望藉由此種君臨天下的建築形式，達到台灣民心歸向，以利殖民統治的目的。

戰後，總督府變成總統府、敕使道變成中山北路、明治橋變成中山橋，而台灣神社也改建為宴請國賓的圓山飯店。從建築的利用屬性與道路橋樑的命名，不難看出，國民政府也特意繼承並強化這一個建築組合的統治象徵。

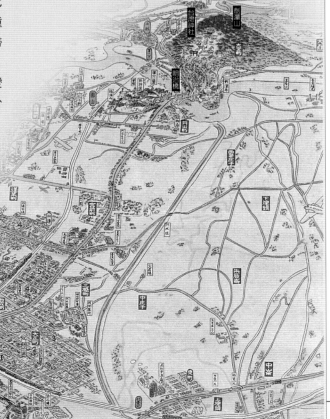

# 基隆河新生地

平直規整的水道，安靜馴服的躺著，不像是自然的河流，反倒像是人工挖掘的水渠。這就是歷經「截彎取直」大工程後的基隆河下游一部分。

原本基隆河在進入台北盆地後，流路迂迴曲折，經常氾濫成災；於是人類利用工程技術，強將蜿蜒的河道拉成筆直，企圖減低水患。今天我們所看到的基隆河下游，早已不復它的原貌了。

從南京東路五段上空往東眺覽，眼前的畫面恰巧代表著台北都會發展的三部曲——

畫面右側，位於基隆河轉彎處的饒河街一帶，稱爲「老松山」，是台北早期發展的重要河港市街，在清代曾盛極一時。而老松山下方，建滿了公寓的南京東路五段附近，則是戰後才發展起來的住宅區；路兩側公寓頂樓，家家戶戶都自行加蓋了鐵皮屋，五顏六色，有如百納被，顯示民眾極力爭取有限的珍貴居住空間，正是台北早期住宅區最典型的景觀。

河岸左側大片綠色空地，是截彎取直後的新生地「潭美重畫區」，代表的則是新一波的都市開發模式。

中山高速公路　麥帥二橋　內湖垃圾焚化廠　南京東路五段　松山車站
西松高中　健康路　麥帥公路　成美橋　八德路　基隆路
　　　　　　　　麥帥橋　饒河街
內湖
潭美重畫區
基隆河
南港
松山

①堤頂交流道 ②松山機場 ③大直橋 ④基隆河 ⑤大直重畫區
⑥上塔悠 ⑦中山高速公路

▲基隆河在上塔悠附近轉了一個彎；近景的方整綠地是從民權大橋延伸而來的新生地，右上方平整的空地則是大直重畫區。

# 填河造地的新空間

## 基隆河新生地

台北人和基隆河的感情眞是錯綜複雜：這條蜿蜒曲折的自然河流，過去曾是重要的水運路線，今天又提供部分居民日常用水；然而，長久以來，基隆河卻也給台北帶來揮之不去的洪患夢魘。

爲解決水患並增加都市用地，大規模的人工改造於焉展開；「截彎取直」工程將內湖到圓山間彎彎曲曲的基隆河拉得平直，河岸兩側因此產生許多新生地。由於規畫完整、開發新穎，這片填河而來的新生地，逐漸成爲台北市內潛力無窮的新空間。

### 基隆河截彎取直

發源於台北縣平溪鄉的基隆河，流路十分奇特有趣：先是在上游來個180度大轉彎，接著又在中、下游極盡彎繞之能事，曲曲折折、宛如蛇行般橫越台北盆地。

截彎取直：彎曲異常的基隆河道，只要一碰到大雨，上游沖流而下的洪水，往往來不及轉彎便漫流開來，造成兩岸氾濫成災；因此基隆河的整治成爲台北最重要的防洪計畫之一。

早在1963年擬定的「淡水河治本計畫」中，便先截彎取直士林地區的河道（見119頁）。近年來，在都市發展的壓力下，進一步與河爭地，將南湖大橋到中山橋之間的3個大彎曲河道拉直（見右側地圖），並築高堤防，創造出237公頃的新土地，成爲台北市區近年來規模最大的填河造地。這一大片新生土地，由於接近市中心而且規畫完整，勢將成爲台北未來發展的新興地區。下面就配合空照圖，對幾處新開發河岸作一番巡禮。

### 大直重畫區與河濱公園

基隆河原來兩個較大的轉彎處，在大直橋和民權大橋附近（見地圖）；右方照片就是「大直橋」附近的新生地。

大直重畫區：大直原是介於圓山和內湖間一個獨立靜僻的小街區，近年來隨著基隆河截彎取直的整治工程，開始有了明顯的改變。照片上可以看到，在基隆河左側、大直橋上方的山丘與河水間一片廣達數十公頃的「大直重畫區」，

不僅擴展了大直的發展腹地，重畫住宅區內一棟棟拔地而起的高樓，也以截然不同的建築型態，改變大直原有的市街風貌；加上「大直橋」提供了便利的交通條件，大直重畫區已成爲台北最熱門的高級住宅區之一。

大佳河濱公園：照片右側是基隆河大佳段整治後新生的大片河濱公園。數百公尺寬、長達兩公里餘的河濱綠地，平直的河面以及廣大的松山機場，使得「大佳河濱公園」成爲台北市區最開敞的地帶，人們可以掌握到最大片的天空。而寬直的河道配合大噴泉、親水步道、自行車道、運動公園和廣場等多樣有趣的設施，也使這裡成爲目前台北盆地內規模最大的親水空間。

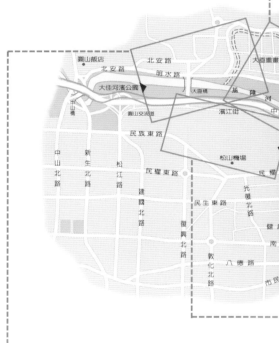

▼從「大佳河濱公園」上空眺望：左側是大直的北安路一帶以及重畫區新生地；右側就是目前台北著名的親水空間──大佳河濱公園。

①基隆河 ②明水路 ③北安路 ④大直重畫區 ⑤大直橋 ⑥大佳河濱公園 ⑦中山高速公路 ⑧松山機場

1998/08

## 商業娛樂新生地

左方照片是從中山高速公路堤頂交流道上方，望向松山機場與大直橋東北側的新生地。

河岸左側可以看到一個弧形的彎岸，彎岸前方是上塔悠，後方是松山機場的跑道和機坪。而右側大片看來平整灰黃的土地，就是「大直重畫區」一帶的新生地。除包含左下方照片所見的重畫住宅區外，整個新生地還規畫了台北市獨樹一幟的商業區和娛樂區，將興建高樓層的國際觀光旅館和大型購物中心，同時還會出現特種娛樂區、一般遊樂場與河岸林蔭大道等；結合山林水岸，形成一處兼容並蓄的新開發區。

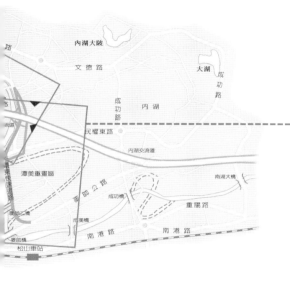

## 輕工業與倉儲中心

下方照片是「民權大橋」一帶新生地的景觀。基隆河左側一塊塊方整的綠色土地，就是一般稱為「潭美地區」的重畫地。雖然和大直附近同為基隆河截彎取直後的兩大新生地之一，但在都市開發上，兩者卻有完全不同的規畫重點，未來將出現迥異的風貌。

潭美地區主要規畫為台北的輕工業區和倉儲中心；未來將引進無污染、高品質的輕工業，並發展現代化倉儲設備，使本區成為台北市的貨物集散中心。照片中，清楚看到在一大片經過重畫的綠地上，計畫道路、公共設施等已逐步建設，而麥帥橋前方一群白色等高的新建大樓，也隱約透露出本區與基隆河右側的老公寓群，截然不同的新一波整體開發模式。

▼從堤頂交流道上空眺望：基隆河左側方整平坦的大片綠地，就是即將規畫成台北輕工業與倉儲中心的「潭美重畫區」。

①堤頂交流道　②潭美重畫區　③南港山　④麥帥橋　⑤麥帥二橋　⑥民權大橋　⑦基隆河　⑧中山高速公路　　1998/08

## 台北的空中門戶

左方照片是由松山機場上空望向圓山飯店的方向：右側隱約可見大佳河濱公園。緊臨公園的松山機場，雖然不是基隆河截彎取直後的新生地，卻是位在基隆河南岸的台北重要門戶。

興建於1932年的台北松山機場，總面積達182萬平方公尺，大約是7個「大安森林公園」；而跑道長度2,605公尺，約等於由總統府至台北市政府距離的一半，也幾乎等於跨過大半個台北中心市區的距離。

在1980年代桃園國際機場完工之前，松山機場一直擔負著國際與國內雙重航線的出入功能。目前雖然只負責國內航運，每天仍有數百班飛機頻繁的起落。

松山機場的區位原屬於都市外圍，隨著台北快速發展，如今已被市區包圍：南邊緊臨民生社區和敦化北路辦公區，北邊是大直，東邊是內湖，西邊則是大龍峒老街區。原本較為寬闊的東北側基隆河域，如今也在截彎取直之後成為即將開發的重畫區。因此，松山機場不僅是國內機場，在地理區位上更成為「市內機場」。

①松山機場　②直昇機坪　③圓山飯店　④大佳河濱公園　⑤中山高速公路　　1997/09

◀位在基隆河南側的松山機場，是台北的空中門戶，雖然只有1條跑道，航線卻高達12條，每天有數百班飛機起落，繁忙至極。

# 信義計畫區

一飛到台北市東區，在繁華壯盛的商業區中，突然出現一大片難得的空地，這正是著名的「信義計畫區」，也是台北最閃亮的明日之星。

從畫面中，可以看到雙十造型的市政府、左前方的台北市議會、右方的凱悅飯店以及後方白色的中國信託大樓等，可看出它將在都市計畫中所扮演的「行政金融副都心」之角色。

雖然目前區內的道路、水電管路以及公園等公共設施已普遍開闢，但由於許多土地都屬公營事業或軍方所有，多年來未積極開發，造成周圍民間投資的大廈團團圍繞，以及最高級的大樓與廢土場同時並存的特殊景象。

近年來，配合中央政府「亞太營運中心」建設計畫，信義計畫區的角色也重新調整，更清楚地朝向國際化、金融化邁進。的確，這是個正在急遽成長中的地區，計畫中的超高樓建築群，將以雨後春筍之勢，帶來劇烈的改變。

從荒煙蔓草到重要的國際櫥窗，信義計畫區變化的過程，大概只有在不同時期，像這樣飛臨空中俯視，才能真正深刻體會罷！

忠孝東路　台北市議會　松高路　台北市政府　中國信託　四獸山　凱悅飯店
基隆山　信義區行政中心　松壽路　市府路　基隆路　國父紀念館　仁愛路四段

# 台北國際化的櫥窗

## 信義計畫區

位在台北市東區的都會新貴——「信義計畫區」，是全台灣第一個實施都市設計管制的地區，也是政府和民間精心營塑的國際金融意象所在。一棟接一棟灼灼耀眼、造型各異的建築，展露出前所未有的視覺震撼以及進軍國際的強烈企圖心。

信義計畫區不僅是台北市的行政金融副都心，更是台北邁向廿一世紀國際大都會的重要指標；未來，這裡將成為台灣國際化的櫥窗。

### 第一個都市設計管制區

以耀眼的明日之星光芒，睥睨台北都會圈的信義計畫區，最早的計畫內容在1980年完成。主要目的在創造出另一個新的市政、商業和文化中心，一方面紓緩西區商業中心的壓力，另一方面引導新的都市發展型態。

**範圍與內容**：信義計畫區原址主要是聯勤四四兵工廠和一部分私有地；全區總面積為152.84公頃，大約是今天忠孝東路五段、基隆路一段、松德路以及莊敬路、松平路一帶所圈繞出來的範圍（見右上地圖）。

這個範圍內的土地經過重畫後，分別規畫為商業區、住宅區、機關用地和道路、公園等公共設施。其中，最主要的機關用地就是「台北市政府」；而住宅區約佔1/4，原本希望朝示範住宅的方向發展，但因地價高昂，已轉變成大坪數的豪華住宅，不是一般人隨意能進住的地區。

**台北的曼哈頓**：為了有效形塑計畫區的整體風貌，信義計畫區成為全台灣第一個實施「都市設計管制」的地區。除了對公園、廣場、人行道等公共空間有一定的設計準則外，區域內每一塊土地的開發，無論在高度、造型以及開放空間的留設上也都有一套嚴格的審議標準。近年來，為配合中央「亞太營運中心」的規畫，市政府重新調整信義計畫區的定位，積極朝向國際金融貿易與商業交流的角色開發，期望能成為台北的「曼哈頓」。

### 未來的國際金融櫥窗

1986年起，一棟棟熠熠閃亮的建築陸續在信義計畫區內啟用，國內、外各大企業及政府單位，紛紛投入營運，如世貿中心、凱悅飯店、華納影城等。下圖是信義計畫區主要範圍內初期的規畫藍圖，部分建築早已啟用，部分尚未完成。圖中的超高摩天大樓——台北「國際金融中心」大樓，原定2002年落成，這是為配合台灣發展成亞太金融中心而推動的硬體建設，完成後將是全台灣最高的建築、也是台北盆地的新地標；屆時與台北市西區的新光大樓相呼應，勢將形成台北地景的新意象。但目前因飛安考量，大樓的高度尚在研議中。

耀眼的建築、新穎的空間與街道設計、獨特的商業活動……信義計畫區已開始展現出新的都市櫥窗風貌，提供一種新奇的都市經驗。

①國際會議中心 ②國貿大樓 ③國父紀念館 ④台北市議會 ⑤台北市政府 ⑥凱悅飯店 ⑦世貿中心　　1993/07

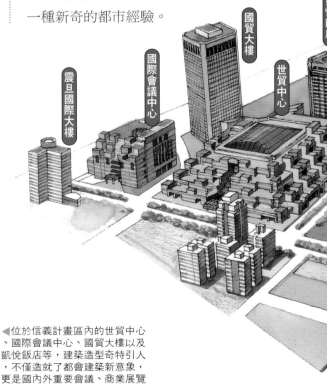

◀位於信義計畫區內的世貿中心、國際會議中心、國貿大樓以及凱悅飯店等，建築造型奇特引人，不僅造就了都會建築新意象，更是國內外重要會議、商業展覽的最佳場所。

▲空中鳥瞰信義計畫區：區內的道路系統已大致完成；一格格方整的區塊內，可以看到綠色空地、停車場和一棟棟設計風格迥異的建築物並存的過渡景觀。

## 台北市政府

信義計畫區內最醒目的機關用地要算是「台北市政府」大樓了。這棟雙十造型的建築，完成於1992年，由於位處仁愛路東端終點，與西端的「總統府」遙遙相對，區位的重要性不言而喻。

市政府大樓本身高達12層，可以容納約6,000名市府員工辦公；前方並留設了數千坪的大廣場，成為市府舉辦各類大型活動的重要場地之一，而雙十字的建築造型，具有明顯的政治象徵，和過去舊市府相較，今天台北市政府大樓的規模與氣勢，正明白彰顯出1990年代以後台北市政府政治地位的提昇。

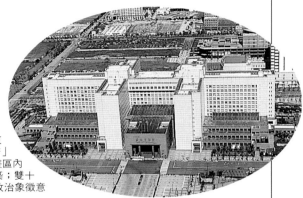

▶坐落在仁愛路東端的「台北市政府」大樓，是信義計畫區內最主要的機關建築；雙十字的造型，帶有政治象徵意涵。（1998/07）

## 信義計畫區初期規畫圖

國際金融中心
台北市議會
台北市政府
中國信託
新光三越百貨
華納影城
信義區行政中心
信義分局

## 機能主義的城市規畫

信義計畫區的都市設計背後隱藏了一套「機能主義的城市規畫」空間觀點。

1930年代左右，受法國建築師柯布（Le Corbusier）的影響，城市規畫理論開始主張建築物應該得到充分的日照、流通的空氣以及大量的戶外空間。於是，把建築物抽高以留出較多開放空間、拉大彼此間隔以確保日照通風，便成為典型的都市開發方式。這種作法又恰恰方便了設計師表現其造型設計，因此，便在許多新的城市區域中盛行起來。

在此種觀念下產生的城市，與傳統城市最大的不同，便是尺度感與街道的人性化。一棟棟追求造型表現的建築物往往佔據一個個街廓，人們行走其中，感受到的皆是建築物佔據後剩餘的零碎空間以及擾人的掀裙風；完全不同於老城市中，由連棟建築所圍蔽出來的多變化街道、小廣場、騎樓、小巷等充滿趣味的空間。此種差異可從信義計畫區和迪化街的比較中，明顯感覺出來。

# 仁愛路周邊

1994/08

　　從空中所見的台北市區，幾乎全擠滿了灰撲撲的密集建築物，難得有大片的綠意。眼前卻突然出現一條綠色的長帶，真是特別的珍貴。

　　仁愛路就是這樣的「綠色軸線」，以別具一格的濃蔭風姿，橫貫過台北市區。不僅如此，它更是一條穿越時空的「歷史軌道」，兩側的景觀可以反映出台北市近百年中心區的發展。

　　仁愛路的西方端點，就是巍然聳立的總統府。其周邊是清末的台北古城區，也是全台的政治中心，重要的地位在日治時期更是直上雲霄。而仁愛路正由此開始，一路向東延伸。

　　這條大道有著其他道路難以相抗衡的寬廣氣派，尤其是由新生南路到空軍總部這一段，寬達100公尺，有濃密綠蔭遮蔽，稱為「百米公園」，是婚紗攝影的熱門景點。

　　現在仁愛路的東端，直達台北市政府，而北接敦化南、北路可抵松山機場，過去是國際人士入境通往總統府的重要路徑。仁愛路恰如一條臍帶，兩端聯繫中央與地方政府，同時聯繫了台北市東、西區不同的發展形態，的確是條耐人尋味的大道。

中正紀念堂　總統府　台大醫院　中興橋　新光大樓　忠孝橋　台北車站　忠孝東路　台北橋　淡水大橋　觀音山　新莊　淡水河　三重　台北科技大學　新生南路　仁愛路　中國廣播公司　建國南路高架道　正義國宅　安東街　空軍總部　復興南路　師大附中　捷運木柵線　忠孝復興站　福華飯店

132

# 仁愛路周邊

①仁愛圓環　②敦化南路　③市民大道　④松山機場　　1998/08

▲仁愛路北接敦化南、北路，可抵松山機場。早期是重要的迎賓大道，現在則是一條商業大道。

## 最具規模的林蔭大道

今天氣勢不凡的仁愛路是台北首府第一條示範道路，也可說是台北最具規模的林蔭大道。這樣一條寬闊壯觀、綠蔭掩映的林園道路，西通總統府、東達台北市政府、北可接松山機場；從早期的迎賓大道至今日的政治大道，真實見證了台北歷史的演替。

現今仁愛路上除了有台北最大的「仁愛圓環」外，周邊還矗立著具強烈政治與教化象徵的國父紀念館，並可見到台北市區最典型的「內盆地」街廓景觀。

### 台北市最大的圓環

從空中俯瞰，下方照片中半徑達100公尺的仁愛圓環，在四周高樓的襯托下，顯現出軸心圓環的泱泱氣勢。

仁愛圓環：仁愛路與敦化南路交會處的仁愛圓環，是台北市最大的一座圓環。清朝時，仁愛路一帶是台北城外的水田農地，日治後才開始闢建，並規畫為台北4條園林大道（見150頁）之一。

日治時期在台北規畫了多處圓環，如南京西路的建成圓環（見143頁）、忠孝東路與中山北路口的圓環、敦化北路與南京東路口的圓環……後來因汽車快速成長，圓環成為交通上的阻礙，才逐漸被撤除。如今台北市區內比較有名的僅剩仁愛圓環和建成圓環。

仁愛圓環一帶由於是早期外賓進出松山機場必經之地，因此開發較早。大約在1970年代左右即有老爺大廈、華美大廈等數棟壯觀的高樓矗立。氣派的林蔭大道、寬闊的圓環以及嶄新的大樓，成為1970、80年代宣揚城市建設的最佳場景。如今，台北市政府在台北燈節時，更以仁愛路及圓環為妝點中心。

### 北抵松山機場

上方照片中，從仁愛圓環順著同是林蔭大道的敦化南路北行，最後可到達基隆河畔的松山機場。

1957年政府在美援協助下，拓寬仁愛路一、二段，並接續開闢三、四段至圓環；同時完成松山機場到圓環的敦化南、北路段。仁愛路自此遂與敦化南、北路串連成國際人士進出台北的必經要道。從空中望去，不論仁愛路或敦化南、北路，彷若灰色叢林中的綠色長龍，不啻為國際人士通往總統府的迎賓大道。

①仁愛圓環　②老爺大廈　③敦化南路　④遠東百貨大樓　⑤仁愛路　⑥匯通銀行大樓　⑦萬代福大樓　⑧世華金融大樓　⑨環球企業大樓　　1999/05

◀興建於日治時期的仁愛圓環，氣勢非凡。現在是台北市區內僅存的幾座老圓環之一。

### 西通總統府

右方照片中可以看到，樹影婆娑、優美暢達的仁愛路，一路往西延伸到台北城東門，由此接凱達格蘭大道，直抵西端的總統府。

這是仁愛路最早開闢的路段。日治時期，最先開闢東門到新生南路一帶，戰後再增闢到今天的師大附中和空軍總部附近。照片中新生南路至空軍總部前的這一段開闢為公園道，寬度達100公尺，綠蔭特別濃密，並設有噴水池，稱為「百米公園」，現今是婚紗攝影的熱門景點之一。此外，沿線還可見中正紀念堂、台大醫院、中國廣播公司和空軍總部等重要建築。

▶仁愛路西通總統府，不僅有氣派的「百米公園」，兩旁更有許多重要的機關建築。

①師大附中　②建國南路高架道　③中正紀念堂　④凱達格蘭大道　⑤總統府　⑥台大醫院新廈　⑦仁愛路　⑧新生南路　⑨中國廣播公司　⑩百米公園　⑪空軍總部　　1999/05

## 東達台北市政府

　　右方照片由仁愛圓環東望，穿過兩側林立的高樓，直達東端盡頭的台北市政府大樓。1968年，仁愛路全線拓寬，並向東延長到基隆路，正式成爲台北最具規模的林蔭大道及第一條示範道路。照片中可見，沿路兩側除高級商業大樓與公寓住宅外，還有國父紀念館、台北市議會等特別建築。

　　今天的仁愛路是台北市最重要的東西向大幹道之一，積極帶動了台北市東區的發展。不僅具有濃厚的政治氣氛，沿線的名宅華廈及綠樹垂蔭，更營造出一股高貴典雅的氣質。

▶仁愛路東達台北市政府，沿路可見「內盆地」、國父紀念館等重要建築景觀。

①敦化南路　②仁愛圓環　③仁愛國中　④仁愛路　⑤國父紀念館　⑥台北市議會　⑦台北市政府　　1998/08

▶外高內低的「內盆地」景觀，是台北市典型的街廓發展型態。

①安和路　②仁愛路　③國泰大樓　④國父紀念館　⑤台北市議會　⑥台北市政府　⑦國貿大樓　⑧光復南路　⑨信義路　　1996/08

## 國父紀念館

　　左方照片中，這一棟氣勢磅礡的明黃屋宇，就是位在仁愛路四段的「國父紀念館」。日治時期，這裡是第六號公園預定地，戰後才闢建爲深具教化功能的國父紀念館。

　　從空中鳥瞰，可以看出國父紀念館所呈現的中國傳統建築風格。設計師王大閎以簡潔的線條和形體的比例，來展現強烈的政治象徵。鮮黃的屋簷、對稱的配置和中軸線，再加上大廳中高達9公尺的國父座像……整幢建築充分傳達出莊嚴的氣氛與濃厚的民族風格，成爲當時公共建築中的翹楚。目前，國父紀念館是台北都會區重要的社教中心與文化活動據點。

## 人造的盆地

　　上方照片中由仁愛路、信義路、光復南路和安和路等幾條幹道所圍成的街廓，就是台北市區最典型的「內盆地」街廓景觀。這樣「外高內低」的有趣建築形態，從空中看來最清楚不過了。

　　由於都市計畫通常沿著主要幹道兩側畫設所謂「路線型商業區」，因此幹道旁大多興建高達12層以上的商業或辦公大樓；街廓巷內則多爲小規模、零星營建起來的5至7層純住宅公寓，因而形成奇特的外高內低人造盆地景觀。

　　這種住商共存的型態提供了生活上的便利，同時也強化了盆地的意象。在台北盆地中生活的人們，其實每天都在更多的小盆地中出入呢！

①仁愛路　②國父紀念館　③忠孝東路　　1996/08

▲氣宇恢宏的國父紀念館，具有中國傳統建築風格，目前是台北藝文活動的主要場所之一。

# 台北城

以一柱擎天之勢，「新光大樓」傲然凸出於所有建築物之上，成為目前台北盆地內最明顯的地標。即使在高空上巡行，它仍是最明確、便捷的辨識標的。

正如這幢大樓超卓拔群的象徵意象，在它左後方，也正是全台灣最高的政治中心──以「總統府」為主，聚集各部會辦公大樓的重要地區。

自清末起，這一帶便是「台北城」的所在地。城的範圍呈長方形，大約由今天忠孝西路、中山南路、愛國西路、中華路所圍成。台北城曾在台灣近代史上佔有舉足輕重的地位，也是台灣都市現代化的嚆矢。

雖然城牆早在日治時期就已蕩然無存，但現在城區內仍保留有清代古城遺跡、日治時期的近代建築以及繁華熱鬧的現代街景，三者同時並存，見證著百年的變遷過程。縱使有形的城牆已逝，但無形的影響力如同歷史的痕跡一般，一直延續至今。

除了古城之外，台北盆地早期的各重要發展起點：台北車站西北側的大稻埕、新光大樓右側臨河的萬華，還有遠方的新莊、板橋等，全都歷歷在目。

飛臨此處，真有如穿透時空一般，一一去辨識城內城外的歷史據點，追索台北的百年故事，彷彿也正俯覽著世間的變幻，真是別有一番滋味。

1997/10

二二八和平公園　總統府　　　　新光大樓　　　大漢溪　中興橋
北一女中　司法院　愛國西路　　　　　　　華江橋　中華路　淡水河
　　　　　新店溪　忠孝西路
　　　　　　　　　　　　　　　板橋　　　　　　　　新莊
　　　　　　　　　　　　　　　萬華
台大醫院
中山南路
　　　　　　　　　　　　　　　　　　　　　　　　大稻埕
　　　　　　　　　　台北車站
　　　　　市民大道

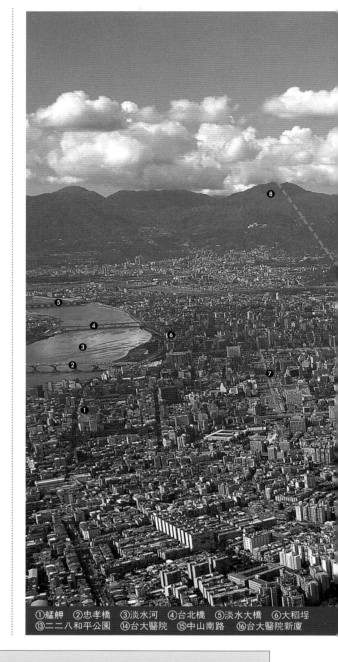

# 台北城
## 屹立不移的政經中心

台北的歷史上，有所謂「台北三市街」——艋舺、大稻埕和台北城，分別代表台北發展的3個重要階段。其中「台北城」就是今天的「舊城區」，自百餘年前建城以來，一直扮演著台灣政治、經濟和文化中心的角色。

今天的舊城區內，雄偉壯麗的城池雖不復存在，但其作為全台政經與文化核心的地位，卻始終屹立不移，彷彿一座無形的城池仍巍然矗立在原地。

### 台北城的故事

今天老台北人口中的「城內」——舊城區，是指忠孝西路、中山南路、愛國西路和中華路圍成的範圍，也就是100多年前台北城所在（見下方地圖）。

**台北三市街**：艋舺、大稻埕和台北城在台北歷史上佔有舉足輕重的地位。這3個先後依序發展的街市，在性質上雖有差異——前兩者以商業貿易為主，後者以政治和經濟為重心，但三者合起來，可說就是今天整個台北都市發展的基礎。其中，建城最晚的台北城，卻後來居上，成為百餘年來無可替代的樞紐。

**為什麼要建台北城？**1875年，清廷鑑於當時台北的經濟、戰略與政治地位日趨重要，決定在艋舺和大稻埕兩大繁榮市街之間的空地上，設置台北府，並建台北府城，以穩定經濟發展並保衛北台灣的安全。

**台北城的風水觀**：台北城的方位背後隱藏了十分有趣的風水觀。因前後歷經兩任具有完全不同風水觀的主事者，因此最後形成街道系統正對北極星，城牆卻朝向七星山的局面，極為特殊少見。

**台北城的矗立與消失**：1882年起，台北城陸續動工興建，短短十餘年間，就在原本荒蕪的空地上，矗立起一座具有5個城門及各項先進設備的壯闊城池。可惜，先後遭到日本政府的破壞拆除和二次大戰的轟炸。今天整個「舊城區」的外貌已全然改變，形成清代、日治與戰後建築並存的景觀。下面配合照片，來看看舊城區一帶的幾處新、舊景點。

①艋舺　②忠孝橋　③淡水河　④台北城　⑤淡水大橋　⑥大稻埕　⑬二二八和平公園　⑭台大醫院　⑮中山南路　⑯台大醫院新廈

### 台北城的演變

台北城自清代建城至今100餘年，從一座中國傳統城池，經過日本政府的拆牆改建、二次大戰的摧毀及戰後數十年的重建發展，其精采的歷程簡直就是一部台灣近代史的縮影。下面配合清代、日治與今天3張年代各異的地圖，來說明台北城的演變歷程——

▼**清代**：清代的台北城是一座精緻完整的城池，城牆內的建築與設施，充分具備中國傳統城市的信仰、教化、治理與生意四大功能。不僅市容整齊，並且有便捷的電力、交通系統，是全中國最早採用電燈的地區。

1895年

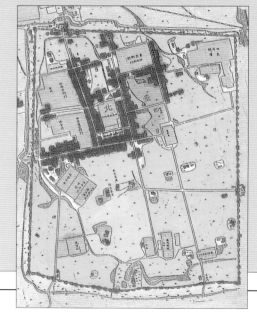

▼**日治**：日人治台後，為加強統治，進行大規模拆城並積極從事新建設，企圖將台北蛻變成一座西方式的近代化都市。當時，配合市區改正計畫，大量興建了包含總督府、博物館、醫院、郵局等在內的華麗雄偉公共建築。

1920年

▼**今天**：經過100多年的滄桑變化，現今的台北舊城區風貌已改；清代的城門、日治時期的建築以及晚近的新穎大廈……共同形塑出舊城區特殊的風格，更一步步朝向國際化大都會的角色邁進。

1999年

## 北門

清朝的台北城建有東、西、南、北及小南等5座城門，其中以北門通大稻埕、西門通艋舺、南門通景美與新店等地。今天除北門外，其他幾座城門都已陸續被改建，原貌不再。

今天，在重重高架道路夾峙下的北門，是整座台北城迄今唯一留存清代原貌的建築。1895年日軍由此長驅直入，揭開了台灣殖民統治的序幕。而今，被列為一級古蹟的北門，侷促在高聳複雜的大廈與道路一隅，似乎正默默見證著台北城的興衰。

## 總統府

這棟象徵政治權力核心的宏偉建築，位於清代台北城內的陳氏家廟原址附近，完成於1919年。當時是日本治台最高統治當局「台灣總督府」所在，也是全台灣最高峻宏偉的建築物，充分展現出殖民政府的絕對威權。

戰後到解嚴之前，一般人對號稱「博

▲宏偉莊嚴的總統府，從日治到今天，一直都是最具威權象徵的建築物。（1995/06）

愛特區」的總統府周邊地區，仍存有一股模糊的威嚴意象；但隨著民主多元腳步的邁進，近年來已成為群眾運動與社會活動的主要地點。

## 二二八和平公園

大約位在清代台北城的信仰中心——天后宮原址一帶。這座佔地兩萬多坪的公園，就是一般台北人耳熟能詳的「新公園」，建於1907年，是日治時期重要的政治集會場所。1996年，台北市政府將之改為今名，並增設「二二八紀念館」和「二二八紀念碑」，現在是台北市民休閒遊憩的好去處。

## 台大醫院

靠近清代台北城東城牆，興建於1924年，當時是遠東地區最具規模的醫院，也是台灣第一所教學醫院。戰後，仍執國內醫學界牛耳。1991年建築龐大、設備先進新穎的「台大醫院新廈」完成後，其作為國家醫學中心的角色就更形彰顯了。

## 台北車站

雖然位在昔日台北城的北城牆外，但卻是現今每天約有20萬人進出的台北門戶，重要性不可言喻。台北車站初建於日治時期，歷經搬遷、改建，1990年才完成眼前這棟有著橘色大出簷、醒目耀眼的新建築。

⑦中華路　⑧七星山　⑨劍潭山　⑩新光大樓　⑪總統府　⑫植物園
⑰中正紀念堂　⑱建國中學　⑲青年公園　⑳新店溪　　　　　1995/08

▲從青年公園的上空向北眺覽，可以看出「台北三市街」——台北城、大稻埕與艋舺的地理位置。虛框部分是台北城的範圍，北城牆正對著七星山。

①愛國西路　②中華路　③淡水河　④總統府　⑤司法院　⑥重慶南路　⑦凱達格蘭大道　⑧二二八和平公園
⑨台北車站　⑩新光大樓　⑪七星山　⑫台大醫院　⑬台大醫院新廈　⑭東門　⑮中山南路　⑯南門　　1999/05

◀昔日規模宏偉的台北城（虛框範圍），今日仍是台灣的政經、文化中心。城內可見從清朝、日治到今天，不同歷史年代建築並存的景觀。

# 大稻埕

飛臨「台北橋」上空，朝東南方向眺覽，映入眼簾的盡是屋宅櫛比鱗次、大樓林立的市區景象。在空中看來，這一片蕪雜的景觀平凡無奇，眞難以想像其中藏有會經繁華鼎盛、富冠全台的「大稻埕」。

在前方近景，台北橋以南的區域，包括延平北路、重慶北路等街道，就是過去在台灣史上會經佔有舉足輕重地位的大稻埕。如果再仔細辨認的話，仍可見到由傳統斜屋頂組成的綿長街道，與淡水河平行，那就是赫赫有名的「迪化街」。

再看右方深藍色淡水河域一帶，在上方凹入的河岸，有一片廣大的停車場，就是「大稻埕碼頭」，自清代以來淡水河河運進出的老碼頭區，就在附近。昔日藉由淡水河的舟楫之便，往上游可深入台北盆地內各平地、山區，收購各式物產；往下游則順流到淡水出口，銷往大陸及世界各國。

這樣的地理優勢，促成大稻埕在台灣近代史上，扮演過輝煌燦爛、充滿傳奇的角色，無論在經濟、社會、文化活動上都佔有十分重要的地位。

今天，雖然它的風華退盡，但從迪化街精緻華美的建築與熱絡的商業交易活動中，往昔的璀璨風采依稀可尋。

延平北路　南京西路
太平國小　重慶北路　台北車站　新光大樓
民權西路　　　建成圓環　　　永樂市場

環河北路
大稻埕碼頭
迪化街
民生西路
永樂國小　　台北橋
淡水河

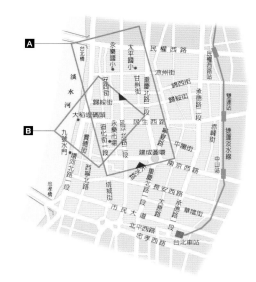

# 大稻埕

## 台灣現代化思潮發源地

大稻埕是繼艋舺（今萬華，見144頁）之後，台北最繁華的地方；它的崛起，非常富於傳奇色彩。

從清代到日治，隨著淡水開港、河運興盛以及鐵路開通，大稻埕由原先的一片漠漠田園，躍升爲全台灣最富裕鼎盛的貿易商圈；同時也是台灣現代化思潮的重要發源地。無論在經濟、文化、社會活動上，都佔有舉足輕重的地位。

一直到今天，大稻埕仍是台北市內一個充滿奇特魅力的所在。

①延平北路 ②迪化街 ③永樂市場 ④淡水河 ⑤台北橋 ⑥三重 ⑦淡水大橋 ⑧大龍峒 ⑨大屯火山群 ⑩重慶北路 ⑪寧夏路 ⑫建成圓環　　1997/07

▲位居淡水河畔的大稻埕，過去是台北最繁華的貿易商圈，也是台灣現代化思潮的啓蒙地。

## 大稻埕傳奇

一般所說的大稻埕，大約包括了今天捷運淡水線以西到淡水河之間，北至民權西路、南至忠孝西路所包圍的區域。（見右上地圖）。

**優越的地理位置**：上面空照圖，是從大稻埕上空向北遠眺淡水河出海口的景象；大稻埕的地理位置和形勢一覽無遺。位居淡水河岸的大稻埕，北接大龍峒、西臨三重、南連台北城和萬華；先天具備了控制淡水河水運的優越條件。台北盆地和山區物產的進出，都須經過這

裡，因此在艋舺沒落後，大稻埕碼頭立刻崛起，成爲北台灣重要的經貿中心。

**現代化港埠與思潮啓蒙地**：大稻埕一帶早期是原住民「奇武卒社」的所在；隨著漢人入墾，至清道光年間已是一片水田稻浪的農村景觀。咸豐10（1860）年，淡水開港通商後，大稻埕被納入世界貿易體系；英商五大洋行的進駐、「外僑居留地」的規畫以及各項市街交通的建設……使大稻埕超越淡水河港格局，成爲一個現代化的國際商埠。

日治時期，縱貫線鐵路全線通車，迪化街的本土商業因而蓬勃發展起來。同

時，大稻埕更是漢人聚集的首善之區，許多本土的優秀人才匯集於此，談文論政，推動各項文化運動，大稻埕因此成爲台灣現代化思潮的啓蒙之地。如今，雖然繁華衣衫已褪，但近年來台北市政府擬定「大稻埕特定專用區計畫」，期望透過專業的都市設計使這個歷史街區再現蓬勃活力。

下面就配合空照圖，一起來對大稻埕幾處重要景點作一番回顧與巡禮。

## 商業大街:迪化街

迪化街不僅是大稻埕最早的市街與最活躍的商圈所在,也是台北市現存最完整、最具歷史意義的老街。

**傳統行業**:一般所說的「迪化街」老街,主要指台北橋以南的迪化街一段,大約是下方照片所見的地區。

清代到日治初期,迪化街的店舖主要以經營南北雜貨、茶葉、米業、布帛和中藥為主。一直到今天,迪化街仍是全台灣最大的南北貨、布匹和中藥批發零售市場;尤其每年春節的「年貨大街」活動,更吸引無以計數的人潮。

**建築風格**:1910年日本政府實施市區改正,除將迪化街取直拓寬外,並重建兩側店屋,從樸實的閩南式店舖,改成連棟式繁複華美的「巴洛克」建築,形成今天的主要風貌。1988年市政府的迪化街徵收拓寬計畫,引發社會各界極大爭議。如何保留迪化街原有風貌,並進一步規畫成台北「城市歷史旅遊」的重要景點,將是最核心的課題。

## 文化大街:延平北路

左側和下方兩張空照圖中,可以清楚看到大稻埕的另一條重要軸線——延平北路。今天看來平實無華的延平北路,日治時期曾是大稻埕一帶文化、社交、娛樂等活動最活躍的地區,對台灣近代政治社會和文學藝術都產生極深遠的影響。

1950年代之前,延平北路上酒樓、餐館、劇院林立,最盛時曾達200餘家;其中較著名的有山水亭、波麗路、第一劇場……等,都是當時名流士紳聚集談論、共抒理想的場所。戰後,隨著城市往東發展,延平北路的角色逐漸衰落。現今雖仍是士林、社子島通往台北市區的道路,但重要性卻已明顯減低。

## 縣、市孔道:台北橋

右側空照圖中,可以看出台北橋正位於大稻埕與大龍峒的交界處,是銜接台北、三重間的主要橋樑;早期就是台北縣進入台北舊市區的必經孔道,在整個台北發展史上地位十分重要。

台北橋最早是由劉銘傳創建於清光緒年間,日治時期曾經兩次被洪水沖毀。1925年,日人重建完成,橋身為七跨的鐵橋,十分壯麗突出,成為當時台北市的重要地標之一。當時在台北橋與迪化街、延平北路交會一帶形成所謂「大橋頭」市集,曾有名聞遐邇的「人力市集」及「蘭花市集」。

1966年七跨鐵橋拆除,改建為水泥橋,風華盡失;加上1970年代高速公路取代縱貫公路的功能後,台北橋便只成為聯絡台北、三重間的橋樑之一,不再保有過去的重要地位了。

①大龍峒 ②大稻埕 ③淡水河 ④台北橋 ⑤三重　1995/07

▲銜接大稻埕、大龍峒和三重的「台北橋」,曾是台北耀眼的地標,在台北的發展上扮演重要的角色。

## 老夜市:建成圓環

位在今天南京西路、寧夏路、重慶北路和天水路交會處的建成圓環(見左頁地圖),興建於日治初期,原來只是一片供人遊憩的小綠地,後來隨著附近道路日益繁榮,愈來愈多的流動攤販開始聚集,逐漸形成夜市。

二次大戰期間,曾在圓環中央挖掘大水池作為防空救火之用;戰後被填平,恢復成比戰前更熱鬧的夜市。直到1980年代,東區商業興起,圓環夜市生意大不如前,漸漸走向蕭條。近年來,市政府準備重新規畫圓環,調整周圍車道,期望在延續傳統之外,再賦予圓環新的角色定位,創造圓環第二春。

▶創建於日治時期的建成圓環,過去一直是熱鬧滾滾的地方小吃、夜市商圈所在,近年漸趨沈寂。(1999/05)

①延平北路 ②永樂市場 ③民生西路 ④迪化街 ⑤歸綏街 ⑥環河北路 ⑦大稻埕碼頭 ⑧淡水河　1996/08

◀迪化街是大稻埕市街的源起地,至今仍保留許多精緻繁複的店屋建築,以及各種傳統老行業。

# 萬華

1996/07

在華江橋上空俯瞰，眼前臨河的近景街區，正是台北市最著名的發源地——萬華。

畫面中最明顯的軸線，是由華江橋與和平西路銜接所構成的直線幹道。在軸線右側的空間，是早期的雙園地區，現已一起併入萬華區；眾所習知的古老「艋舺」，則是軸線左側靠近河濱一帶，由新店溪、大漢溪共同匯入淡水河的交集點。

最靠近眼前的華江橋，是台北通往板橋的重要橋樑。橋下這一塊略呈半圓形的河濱綠地，就是「華江雁鴨公園」，候鳥常來棲息越冬，目前是台北市重要的水鳥保護區。而右上角的一彎流水是新店溪，溪畔可看到被一群整齊國宅包圍的「青年公園」。

在畫面左側，貴陽街盡頭一帶，舊稱蕃薯市街，正是艋舺街市的起源地。由於有水利之便，艋舺和後來興起的大稻埕（見 140 頁）都因而崛起、興旺，也奠定了台北都市發展的堅穩根基。

今天的萬華雖已被高大的堤防和快速道路阻隔，然而由空中俯瞰，卻仍可體會出它和河流的密切關係。回想 300 年前，當它在河岸崛起之初，自遠方的山脈至近景的淡水河之間，除了少數聚落有人煙之外，整個台北盆地盡是草莽、沼澤和溪流，那又是完全兩樣的景色了。

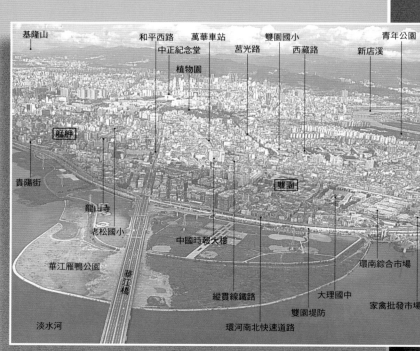

基隆山　和平西路　萬華車站　雙園國小　青年公園
中正紀念堂　莒光路　西藏路　新店溪
植物園
艋舺
貴陽街
雙園
龍山寺
老松國小
中國時報大樓
華江雁鴨公園　環南綜合市場
華江橋
縱貫線鐵路　大理國中　家禽批發市場
淡水河　雙園堤防
環河南北快速道路

# 萬華

## 台北發展的起點

古稱「艋舺」的萬華，是「台北三市街」中最早開發的區域，也是整個台北盆地都市發展的起點。今天的萬華區，包含了早期的艋舺和雙園等地。相較於東區的快速發展，萬華雖成為舊市區的代名詞，但不論在古廟市街、民俗生活與傳統行業各方面，萬華至今仍保存了極為獨特的歷史痕跡，值得珍惜。

①環河南路 ②和平西路 ③龍山國小 ④貴陽街二段 ⑤淡水河 ⑥大稻埕 ⑦龍山寺 ⑧老松國小 ⑨十二號公園 ⑩萬華車站 ⑪西園路 ⑫中國時報大樓 ⑬縱貫線鐵路 ⑭雙園國小 ⑮莒光路 ⑯植物園

1997/11

◀1997年鐵路地下化工程正在進行時所拍攝的艋舺地景。左側濱臨淡水河附近是老市街所在，萬華車站到十二號公園一帶則是新的都市計畫區。

### 台北第一市街：艋舺

一般所說的「艋舺」，指的是大稻埕南邊、中華路以西到淡水河畔附近的區域（見右上地圖粉紅色部分）。這個獨特的地名，源於平埔族語「獨木舟」（Mankah）的音譯，早期移民來此，看到河濱獨木舟成群蝟集，便以此為地名。

上方空照圖，大致涵蓋了艋舺的全貌。左側靠近淡水河的貴陽街二段附近，是台北市最早的市街起源處。由此逐步向內陸擴展，以最重要的信仰中心——龍山寺，及媽祖宮、清水祖師廟等為核心，形成街市，發展成北台灣重要的河港及政軍中心，贏得「一府二鹿三艋舺」的美稱。可惜，清咸豐年間的「頂下郊拼」（移民械鬥）之後，艋舺元氣大傷，並因保守排外、港口淤塞等因素，在淡水開港後，拱手將大好商機讓給後起的大稻埕。

日治後，艋舺改名為「萬華」，施行市區改正，面貌為之丕變。戰後，隸屬於「龍山區」，發展較慢。1990年與雙園區、西門區合併為「萬華區」。近年來，由於鐵路地下化的完成、萬華車站特定區的推動以及捷運藍線即將通過；艋舺的未來，勢將面臨新的轉捩點。

### 台灣第一名剎——龍山寺

名聞遐邇的艋舺龍山寺，歷史悠久、建築恢宏華麗，是艋舺地區最重要的廟宇，目前被列為國家二級古蹟。龍山寺初建於清乾隆年間，主祀觀音菩薩。清代時，除了祈福消災、祭拜神明等宗教功能外，也是郊商集會議事、甚至械鬥郊拼的指揮總部，和艋舺的歷史發展息息相關。直到今天，龍山寺仍是當地居民集會議事、祭祀信仰的中心。

**建築特色：**今天所見規模宏偉的龍山寺建築，大多是在1920年時重建完成的；其壯觀的格局和精緻的手法，曾對台灣的寺廟建築產生重大深遠的影響。

從右圖中可以看出，龍山寺呈完整的「回」字型布局，這是堂皇大廟才有的尊貴形制。變化多端的屋頂形式、繁密細緻的木雕彩繪以及技法多變的龍柱石刻等，大多是當時台灣首見的作法，後來的廟宇紛紛仿效。

西護室　鼓樓　前殿　虎門廳　三川殿

龍門廳

①新店溪 ②批發零售市場群 ③環河南北快速道路 ④華中橋 ⑤光復橋 ⑥大漢溪 ⑦華江雁鴨公園 ⑧華江橋 ⑨二重疏洪道 ⑩淡水河 ⑪萬大路 ⑫南機場國宅群 ⑬青年公園　1997/10

▲雙園位在新店溪與大漢溪匯入淡水河附近，地勢低窪，發展較遲。眼前所見的大片密集屋宇和公園、國宅等，多是1970年代左右才發展起來的。

## 河川匯流的低地：雙園

上面的空照圖是由新店溪上方展望整個雙園地區。所謂「雙園」，大致指華江橋以南的新店溪畔一帶（見左上地圖黃色部分）；因為是由日治時期的「東園町」和「西園町」合併而來，因此稱為雙園。

由於地當新店溪匯入淡水河的低窪處，水患頻仍。從清代到日治大多維持農田、花圃的地景。國民政府遷台後，在此興建多處眷村，雙園遂與永和成為外省移民的集居地。

1960年代，雙園堤防修築完成，解決了長期的水患，來自台灣各地的移民大量湧入。1970年代，政府推動「萬大計畫」，在本區興建大規模國宅群、開闢青年公園……加上華江橋下的雁鴨公園、華中橋附近的果菜魚肉市場等，共同形塑出今天雙園地區的風貌。

## 華江雁鴨公園

華江橋是台北通往板橋的重要橋樑，附近正好是大漢溪、新店溪和二重疏洪道匯合處（見上方空照圖），河面十分寬闊，成為冬季候鳥最佳棲息地；每年都吸引上千隻水鳥聚集，蔚為奇觀，可說是台北的賞鳥勝地之一。市政府已將此地規畫為「華江水鳥保護區」，一般稱為「華江雁鴨公園」。

## 青年公園

青年公園是台北市區內最大的公園，面積達31公頃，比大安森林公園略大。日治時期，這裡原本是一片河邊草埔

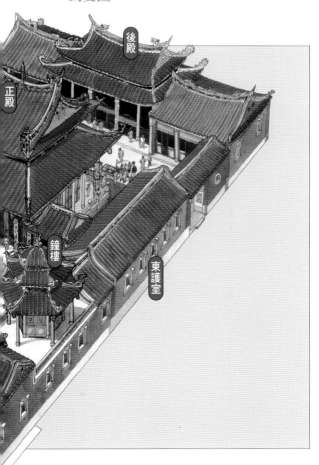

地，日人開闢為練兵場，二次大戰時又改建成「南機場」。戰後，機場大部分土地改建為高爾夫球場，小部分作為空軍眷村。一直到台北市改制後，才開闢為綜合性的運動公園——青年公園，廣受市民歡迎，使用率非常高。

## 南機場國宅群

南機場國宅群緊依青年公園周圍而建，是1970年代台北市的國宅建設成果之一。數十棟十餘層樓高的大廈一字排開，氣勢頗為壯觀。這些國宅大多由當地的眷村改建而來；當年落成時，嶄新的建築型態配合碧綠寬闊的青年公園，成為1980年代市政宣傳的最佳櫥窗。

## 批發零售市場群

雙園地區擁有多處規模龐大的魚肉、果菜批發零售市場，是台北民生物品的主要供應中心之一。這些市場大多是在1970年代前後陸續成立；在蓬勃熱絡的商機之外，噪音與垃圾問題卻也嚴重影響了雙園地區的環境品質。

# 大安森林公園

1999/05

在台北這個水泥叢林的上空巡行，舉目所見，幾乎都是無窮盡的灰黯、繁密、雜亂；突然冒出一片廣大開敞的綠林空地，一時還真是難以置信。

原來，這片長形公園綠地，就是台北市鼎鼎有名的「大安森林公園」。由新生南路、建國南路、信義路以及和平東路圈繞出來的空間，彷彿為城市開啓了一個巨大的綠色透氣孔，讓逼仄窘迫的台北市可以喘息、呼吸。這種強烈的對照，從空中看來是再深刻不過了。

大安森林公園於1994年正式啓用。整個公園的空間設計十分簡單，名為「森林」公園，因此栽植了數萬棵綠樹。畫面中的公園，小樹尚未成林，一時還顯現不出真正的「森林」意象。

公園的東、西兩側，明顯可看見兩條寬闊筆直的幹道，分別是建國南路高架道與新生南路。前者是貫通台北市南、北區的重要快速道路，橋下有極具特色的假日花市和玉市；後者是舊時瑠公圳埤道，今日則是充滿學術、宗教氣息的街路。至於公園四周房宇密布的區域，就是1970年代以後才快速發展起來的大安區一帶。

辛亥路　台北市立圖書館　建國南路高架道　中正紀念堂
新店溪　聖家堂　新生南路　淡水河
和平東路　清真寺　金華國中　信義路
大安森林公園
大安國宅
大安高工　師大附中

148

# 台北市的綠肺

大安森林公園是大台北灰色水泥叢林內，最沁人脾肺的一片綠色饗宴；開放以來，不但大大拓展了台北的綠意空間，更為台北市容注入一股難尋的清蔭氛圍。

遼闊的青草碧林，加上西側氣韻獨具的新生南路與東側筆直暢達的建國南路高架道，共同形塑出大安森林公園特有的吸引力，成為目前台北市中心無可取代、最受市民青睞的休閒與集會空間。

▶由大安森林公園附近望向西北，近處大安區樓宇密集。在水泥叢林環伺中，益發顯示出大安「森林」公園在都會區內的難能可貴。

①建國南路高架道 ②和平東路 ③大安森林公園 ④新生南路 ⑤清真寺 ⑥聖家堂 ⑦金華國中

## 綠意盎然的都會公園

大安森林公園是台北市規模數一數二的大型公園，雖然一直到1994年才開放，但公園用地的規畫卻早在日治時期就已形成。下面就一起來回顧這座公園闢建的故事——

**公園預定地**：日治時期對整個台北地區的公園、林道等綠地分布，早有一套完善的規畫。今天面積廣達26公頃的大安森林公園，在1932年的都市計畫中，就已明定為編號第七的公園用地，預期開闢為一片佔地遼廣的綠蔭空間。

**眷村與國際學舍**：國民政府遷台後，這塊公園預定地成為眷村「建華新村」以及空軍通信大隊基地。1957年，又在北側興建「國際學舍」，除提供國際友人住宿之外，還有一座可容納1,500人的體育館；並定期舉辦書展、商展、球賽、表演活動等，成為1960年代台北市重要的文藝休閒場所之一。

不過，隨著眷村人口的繁衍，建築物越蓋越多，居住空間越來越擁擠，整個環境品質日益低落，也成為公園開闢的一大障礙。

**大安森林公園**：政府雖然希望儘速推動原定公園的闢建，但因拆遷、經費等問題，一直拖到1992年12月才動工興建；延宕數十年的七號公園，終於在1994年3月29日完工啟用，正式定名為「大安森林公園」，為台北市民增添了一處休閒綠地。

從上方的空照圖中可以看出，大安森林公園略呈長方形，其整體空間規畫十分簡單，只設計了水池、涼亭、小土丘、音樂台，以及一條條細長、錯綜的步道和各式植栽……音樂台現在已是使

## 台北市的公園規畫

日治以前，台灣的城市沒有公園。1897年，日本政府首先在今天的「兒童育樂中心」闢建「圓山公園」，成為台北市第一座公園，也是全台灣第一座公園。隨後又在市區內建「新公園」（今二二八和平公園），開啟了台灣都市公園建設的先河。

在日治時期的都市計畫中，台北市配置了15處以上的公園綠地（見右圖），並配合4條園林大道串連，形成全市的綠地系統。這個系統以「圓山公園」為北端起點，透過寬70米的南北向園林大道（今建國南北路）往南分別與3條東西向園林大道（今民生東路、仁愛路和辛亥路）相交，透過它們連接市區幹道，可通抵各個公園。如此聯結成的綠地系統遍及全市，市區內任何一地在1.5公里內必有一處公園。

戰後，並未完全沿用此計畫來建設台北。其中，南北向的園林大道東移至敦化南、北路，而東西向的民生東路和辛亥路未開闢為園林大道，加上許多公園用地被挪作紀念館、美術館、醫院、學校等，原有的綠地系統性早已不復存在。

**一號公園：**
今兒童育樂中心、中山足球場

**十四、十五號公園：**
今十四、十五號公園

**十三號公園：**
今玉泉公園、忠孝國中

**十號公園：今植物園**

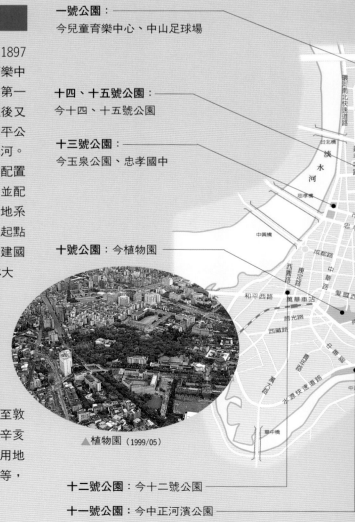

▲植物園（1999/05）

**十二號公園：今十二號公園**

**十一號公園：今中正河濱公園**

## 園林大道變高架道路

今天，大安森林公園的東側緊臨建國南路高架道；這條高架貫穿台北市區的快速道路，在日治時期的規畫中可一點也不是如今的模樣，而是一條詩情畫意、用來串連整個台北城市公園的「園林大道」（見下圖）呢！

戰後，為配合台北市複雜的交通網路建設，遂於1978年將規畫中的園林大道改闢為「建國南北高架快速道路」。全線北接中山高速公路，可通士林與台灣南、北各地；南抵辛亥路，可達中和、永和以及景美、木柵等地。

高架道路闢建完成後，大大提升了台北市的交通聯絡功能，成為駕駛人使用率最高的快速道路之一；高架橋下並發展成深受市民歡迎的假日花市、玉市等，每逢週末假期，人潮不絕。

用頻繁的戶外藝文表演和集會活動場所。等將來小樹成林後，或許真能成為一座翁鬱蒼翠、充滿鳥語花香的都會森林公園吧！

## 水圳變馬路

大安森林公園西側有一條深富歷史意義、而今氣質不凡的道路——新生南路，這裡是台北早期的重要水圳——「瑠公圳」的圳路之一。

**瑠公圳：** 今天寬闊平直的新生南路原是台北大型灌溉埤道「瑠公圳」的流路（見下圖）。瑠公圳初闢於清朝，因興建者郭錫瑠而得名；當時自今新店碧潭一帶引水進台北灌溉，潤澤千甲良田。日治時期，將台北盆地西邊的多條小圳路修整併建成一條大圳道，也就是今天新生南、北路的前身；同時在圳道兩側興築道路，栽植杜鵑、楊柳，重要路口還築有小橋。從此圳道沿途小橋流水，花木搖曳，景觀十分幽美。

▶今天筆直寬廣、風格特殊的新生南路，過去曾是台北灌溉埤道「瑠公圳」的圳路之一；圖中藍色線條就是昔日瑠公圳的流路。

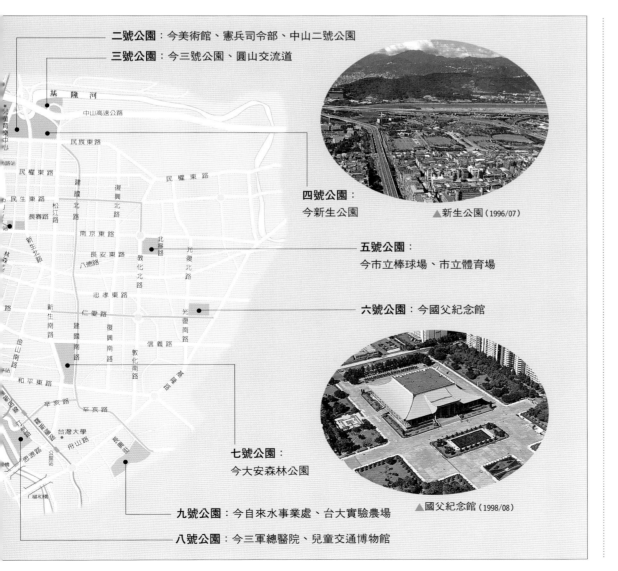

二號公園：今美術館、憲兵司令部、中山二號公園

三號公園：今三號公園、圓山交流道

四號公園：今新生公園

▲新生公園（1996/07）

五號公園：今市立棒球場、市立體育場

六號公園：今國父紀念館

七號公園：今大安森林公園

▲國父紀念館（1998/08）

九號公園：今自來水事業處、台大實驗農場

八號公園：今三軍總醫院、兒童交通博物館

**新生南路：** 戰後，隨著台北市向東發展的趨勢，道路闢建需求日殷，在松江路開闢完成後，1973年瑠公圳也難逃加蓋建路的命運。當寬達47公尺的嶄新大道——新生南路完成時，昔日楊柳垂蔭的扶疏幽徑便完全走入歷史了；獨留台大圍牆邊的紀念碑，供人追昔憶往。

現在的新生南路，除了是連接市區的交通要道外，兩側盡是公園、學校和各式各樣風格迥異的宗教建築，散發出獨特的、融合學術與宗教氛圍的人文風采，是台北少數擁有迷人風貌的大街。

# 公館‧古亭

廣闊壯觀的場景，幾乎涵括了大部分的台北市區，都是在前面各篇中一一巡遊過的。此時，已飛到較南的區域，來看看別具魅力的公館、古亭一帶。

從空中展望，此區空間舒緩開敞，不像市區其他商業地帶的逼仄緊迫。而且由於有台大、師大等大學以及相應而生的各種文教設施，因此帶有濃厚的人文氣息，呈現一股它處少見的知性魅力。

在畫面中景，離師範大學不遠處，房屋密集的地方，即是早期日式宿舍分布的地區。在1960年代以後，日式宿舍逐步改建為4至5層樓的公寓，形成今日的住宅區景觀，可以看出與更晚期才開發而樓層更高的東區明顯不同。

近景以羅斯福路為主軸，是台北市區通往景美、新店的必經之處。「台電大樓」是本區的地標性建築，巍然矗立，恰巧與台大校園內椰林大道的軸線相對，成為最顯著的西向端景。

畫面右下角的金色屋頂是寶藏巖，是台北古廟之一；其西側是台北早期重要的水源地，現今是第二淨水場，場中保留有一座日治時期興建的古典機房，現已被規畫為「水資源博物館」。

兒童交通博物館
新光大樓　中正紀念堂　大安森林公園　羅斯福路
淡水河　師範大學　台電大樓　新生南路
大屯火山群　溫州街　建國南路高架道
辛亥路　台灣大學　水源大廈
水源快速道路
三總醫院
國防醫學院　汀州路
第二淨水場
永福橋
新店溪　水資源博物館　寶藏巖

# 公館·古亭

## 南區文教重鎮

位在台北市西南隅、新店溪北側的公館與古亭地區，因擁有一流學府及豐富的文敎產業設施，素來即以濃厚的人文氣息見稱。

現今車水馬龍的公館，自古即是台北通新店與中、永和的交通輻輳點；看似偏狹的汀州路卻是昔日肩負觀光、運輸功能的「萬新鐵路」。此外，還有台灣首座現代化自來水設備及龐大的三軍醫療體系……在整個政商繁興的台北市，今天的公館、古亭仍難能可貴的保有它兼容並蓄的另類氣質。

### 鐵道變馬路：汀州路

與寬闊平直的羅斯福路並行，汀州路顯得狹窄而壅塞。事實上，這條橫亙於萬華、景美間的道路，早期是萬華通往新店的鐵路，1965年鐵路拆除後，才開闢爲寬15米的汀州路。從此，汀州路便一直扮演著公館、古亭地區的「內街」角色，雖不寬廣卻十分便利。

**萬新鐵路：**從日治時期1934年的鳥瞰圖（見下圖）中可以發現，在當時仍是人煙稀疏、一片田野景象的公館、古亭地區，有一列火車行駛在以紅線表示的鐵道上，這就是昔日的「萬新鐵路」、今天汀州路的前身。

萬新鐵路是日治時期繼北淡線鐵路之後興築的第二條支線鐵路；從萬華到新店總長10.4公里，沿線設有古亭、水源地、公館、景美、新店等站。這條路線主要功能是將新店山區的礦產、茶業、木材等資源運出，也兼營旅客運輸，吸引了大量遊客前往碧潭等地觀光。戰後，由於公路發達，鐵道功能日減，遂於

1965年拆除，改建爲汀州路、羅斯福路五、六段以及北新路等。

### 十字造型的醫療中心

位在汀州路上的「三軍總醫院」，是一幢具有明顯醫療象徵的十字型建築。雖然早期醫療對象以三軍官兵爲主，但自從開放一般民眾門診後，與位在其東南邊的國防醫學院連成一氣，共同形成一個龐大的醫療體系，儼然是公館、古亭地區主要的醫療中心。

不過，由於三軍總醫院所在地，原屬八號公園預定地，因此未來計畫與國防醫學院一起遷往內湖；空出來的大片土地將開闢爲公園綠地，並與周邊的兒童交通博物館、河堤公園結合，展現煥然一新的風貌。

①羅斯福路 ②椰林大道 ③新生南路 ④溫州街 ⑧辛亥路 ⑨總圖新館 ⑩舟山路 ⑪生命科學館

▲三軍總醫院的十字造型建築，從空中看來極爲搶眼，清楚的傳達出醫療機構的特質。（1997/10）

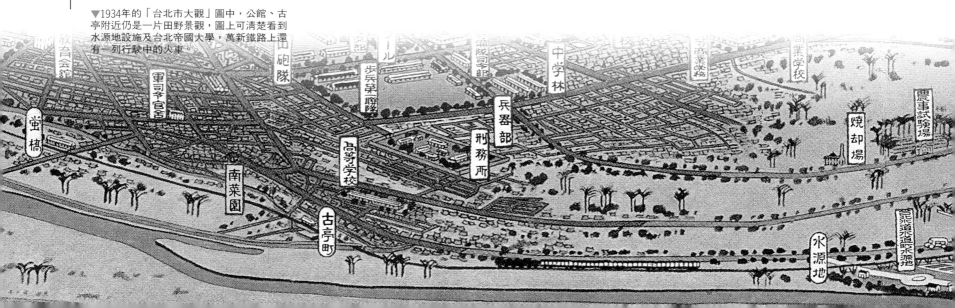

▼1934年的「台北市大觀」圖中，公館、古亭附近仍是一片田野景觀，圖上可清楚看到水源地設施及台北帝國大學，萬新鐵路上還有一列行駛中的火車。

值得一提的是，目前淨水場內還完整保留了當年最重要的水源唧筒室（抽水機房）設施，以及造型雄偉典雅的仿巴洛克式建築；目前已被指定為國家三級古蹟，並成立「水資源博物館」，具體展現各項水資源利用的景況。

## 人才寶庫:台灣大學

首屈一指的學術重鎮——台灣大學，無論在歷史、教育、空間等方面都傲視全台：歷史上，是創建最早的第一所大學；教育上，執多項學術研究之牛耳；空間上，校園土地總面積極為遼廣……這樣一所舉足輕重的學術殿堂，自日治時期的「台北帝國大學」至今，不知培育出多少引領風潮的優秀人才，對社會造成深遠影響，說它是台灣的人才寶庫，一點也不為過。

左方照片中，在羅斯福路、新生南路、辛亥路與舟山路環繞下的台大校總區全景一覽無遺。基本上，整個台大的校園空間是以東西走向的「椰林大道」為主軸，其西端是校門，東端是總圖新館，而一棟棟風格典雅的院系建築分別矗立兩側，更強化了椰林大道的軸線性格。此外，照片右下方，有一畦畦碧綠色

的農學院實驗農場，這是目前台北市區內少數可以看得到水田、聽得到蛙鳴的地方；加上醉月湖的湖畔風光，整個台大校園無疑地成為附近居民的最佳休閒去處，頗具大學公園的功能。

## 人文薈萃:溫州街

與新生南路平行的溫州街，過去是文人雅士聚居的街巷，今天則以成功的社區營造著稱。

**溫州街**：早期是日本人的宿舍區；戰後多為台大與師大的教師宿舍。黑瓦木牆的獨棟宿舍、花木扶疏的靜謐庭園，造就了十分清幽的生活環境；加上許多文人居住其中，生活裡的交往談論、名人軼事以及街巷的種種，都成為早期城市文學描繪的對象；溫州街因此成為特定的城市生活代表。可惜近年來日式宿舍陸續改建，往昔的風華已不可尋。

**溫州社區**：今天，溫州街一帶已發展成獨具知性文化魅力的大學社區。整個社區的特性為個性書店多、教會多、精緻的咖啡廳多，而且社團密度高居全台社區之冠；加上台大自由學風的影響，使溫州社區附近成為台灣社會運動組織的重要聚集地。近年來，一連串的社區網路、社工培訓以及歷史生態導覽……更成功的塑造出文人社區的特質，成為社區總體營造的典範之一。

⑤大安森林公園　⑥建國南路高架道　⑦醉月湖
⑫農學院實驗農場　　　　　　　　　　1995/07

▲由舟山路附近上空北望，佔地遼廣、建築景然的台大校園一覽無遺；左邊隔著新生南路、略呈三角形的區域，就是充滿人文氣息的溫州社區。

## 全台首座現代化淨水場

公館有一座深具歷史意義的水利設施——台北自來水事業處的「第二淨水場」，也就是一般習稱的「水源地」。建於日治時期1908年的淨水場，是台灣第一座現代化的自來水設施，首創砂石濾層淨水方式，由新店溪直接取水、淨水，供應當時台北市街之需。一直到今天，第二淨水場仍負責供應景美、木柵、三重等地居民的日常用水。

B

①總圖新館　②舟山路　③森林系館　④農學院大樓　⑤物理系館　⑥台電大樓　⑦總圖舊館
⑧文學院大樓　⑨土木系館　⑩椰林大道　⑪研究圖書館　⑫學生活動中心　　　1999/02

▲椰林大道是台大校園景觀的主要軸線；從總圖新館上空望向校門，兩側蓊鬱的林木與典雅的建築，展現出台大校園不凡的氣勢。

# 板橋・雙和

飛到大漢溪、新店溪匯流處，由於河道曲折、水面寬闊，在視覺上眞是舒服多了。

眼前由河流環擁、呈現弧形凸出的一大片平地，就是板橋市。它和「雙和」——中和與永和（見內頁）一樣，過去都是屬於「擺接平原」，也都是濱臨河川的聚落，藉由河流的水運之便，逐步發展、興起，成爲台北盆地南部的商業、信仰和防衛中心。整個歷經的過程，與河川關係密不可分。

過去大漢溪溪水曾灌漑了這片平原，河運也曾繁榮了沿岸的街莊；但今天情況已有所改變。對板橋來說，河川可能反而代表交通的阻隔，從空中清楚看出，它不得不以新海橋、大漢橋、華江橋……跨越大漢溪與新店溪，來與周圍的新莊、萬華等互相連通。

另外，河川也可能氾濫危害。所以今天會看到沿河的堤防愈築愈高，人與河的距離愈來愈遠；而河岸上的「新海抽水站」和「四汴頭抽水站」等，更是人類與河水對抗的證物。

無論如何，板橋、雙和因爲與台北都會緊緊相鄰，現今都已成爲台北都會重要的衛星市鎮了。

圓山飯店　忠孝橋　中興橋　新光大樓　中正紀念堂
華江橋　基隆山　新店溪
新莊　大漢橋
萬華
板橋
新海橋
新海抽水站
台北縣立殯儀館
板橋國中
四汴頭抽水站
大漢溪

# 台北的住商衛星城

## 板橋・雙和

位於大漢溪和新店溪圈繞而成的沖積平原上，板橋與「雙和」——永和、中和，同為台北市南端頗具特色的衛星城。

板橋是所有衛星城中規模最大的一個，並且是台北縣治所在、鐵公路交通中心；永和與中和則是發展較早、較具文教性格的市鎮。

今天，兩地都吸納了來自台灣各地龐大的城鄉移民，逐漸形成以居住和商業為主的城市風貌。

▼從林家花園附近上空眺覽板橋市區，房屋壅塞密集到幾乎毫無喘息的空間；而遠方新店溪上依稀可見數座大橋，提供了板橋、台北間暢達無阻的交通管道。

①江子翠 ②淡水河 ③華江橋 ④萬華 ⑤光復橋 ⑥新店溪 ⑦華中橋 ⑧永和 ⑨中和 ⑩中山國中 ⑪縱貫線鐵路 ⑫板橋車站特定區 ⑬板橋綜合運動場 ⑭板橋高中 ⑮公館路 ⑯板橋國小 ⑰林家花園　　1998/08

## 規模最大的衛星城：板橋

「板橋」，顧名思義，與木「板」築的「橋」有關——沒錯，清朝時曾在今板橋西側、土名崁仔腳（今「接雲寺」北方）一帶，建了幾間草店，並架設木板為橋，開始和新莊交通往來；最早稱「枋橋」，後來才改稱「板橋」。

因地處大漢溪和新店溪匯流處，板橋河岸邊的三角形尖嘴地帶就叫江子翠（港仔嘴）。今天的板橋市，東鄰中、永和，南接土城，北隔新店溪、西隔大漢溪，分別與萬華、新莊相對。全市以便捷的道路橋樑系統連通四鄰。

**商業與交通要地**：板橋歷史發展中，第一個關鍵人物是林成祖，他在清乾隆年間就大力進墾板橋、開鑿大安圳，化荒埔為良田。第二個關鍵人物為台灣第一家族「板橋林家」，林家不但在多次漳泉械鬥中，領導本地的漳州人渡過危難，更促成板橋的繁榮勃興，一躍成為台北南部的農產品集散地和商業要鎮。至今尚有「林家花園」及三落大厝留存，成為最佳的歷史見證。

19世紀中葉淡水開港後，板橋以大漢溪畔的優越位置，發展成淡水河系水運網中重要的一站。直到日治時期，縱貫線鐵路和台車軌道等相繼完成後，板橋的河港角色才轉變成陸運中心。

**規模最大的衛星城**：戰後，台北縣政府於1947年遷設板橋，板橋遂成為縣治所在，並逐漸轉型為台北的衛星城。數十年來，移民不斷增加，市區快速擴張；由空照圖中盡是一大片一大片密集的建物可見其盛況。板橋同時還具有一個十分有趣的特色——「睡覺城」（bed town）：本身沒有太多工業，住民多半在此居家過夜，天一亮就過橋到台北市工作，天黑了再過橋回家睡覺。

今天的板橋，已是台北市周邊眾多衛星城中，規模最大的一個，板橋火車站一帶更發展成台北縣政治和商業中心。未來捷運系統完工，加上板橋車站特定區開發完成，可望成為與台北市區鼎立的另一都會中心。

## 板橋林家花園

板橋著名的「林家花園」，原稱「林本源庭園」，是清代台灣最具規模的園林，也是目前台灣所保存的清末園林建築的代表，已被列為國家二級古蹟。

林家花園的興建肇始於清咸豐年間，至光緒年間，板橋首富林維源為廣闢社交之所，特聘大陸名家設計、擴建而成。整個林家花園分成數大區域，每一區皆有其特色與主題（見右圖）。園內亭榭樓閣、迴廊庭池，穿梭其間讓人充分領略其富麗典雅的工藝與千變萬化的巧思，真正展現了中國建築藝術的精緻與神韻，無怪乎有「園林之勝冠北台」的美譽。

① 新店溪 ② 秀朗橋 ③ 新店 ④ 中和 ⑤ 清水坑山地 ⑥ 秀朗國小 ⑦ 林森路 ⑧ 永和 ⑨ 福和國中 ⑩ 福和公園運動場 ⑪ 福和橋 ⑫ 賽車場 ⑬ 高爾夫球練習場　　1996/08

## 雙和：外來移民的城市

永和、中和兩地和西鄰的板橋一樣，都因關鍵人物林成祖的開墾而發展起來。連地名「中和」據說都是由「漳和」演變而來——漳州人林成祖率領眾多鄉親大舉來墾，取「漳」州人「和」睦相處的意思。

**具文敎氣息的衛星城**：從上方照片中清楚看到，儘管在今天的行政區畫上有

所不同，但永和市與中和市，在空間上卻是一氣相連、難分你我的。事實上，眼前這塊躺在黃灰色新店溪和翠綠清水坑山地間的平野，在歷史上是一體的，原來都屬於中和庄（鄉）；一直到1958年，永和才從中和獨立出來。

雖然世居本地的住民以漳州人爲主；然而，今天中、永和數量龐大的居民，卻多是戰後以來，隨著台北市都市化所吸引來自台灣各地的新移民；不斷膨脹

▲在福和橋上空看永和與中和地區：前景主要是永和市，後方則屬中和市；這兩個以住商爲主的衛星城，近年來開發十分迅速，從照片中一棟棟新建的高樓，可見其端倪。

的移民，曾造就出號稱全世界最大的永和「秀朗國小」。

另一方面，永和因與台北的古亭、城中等地區相近，過去居住者以外省籍的公敎人員爲多；因此，算是台北較具文敎氣息的衛星城。

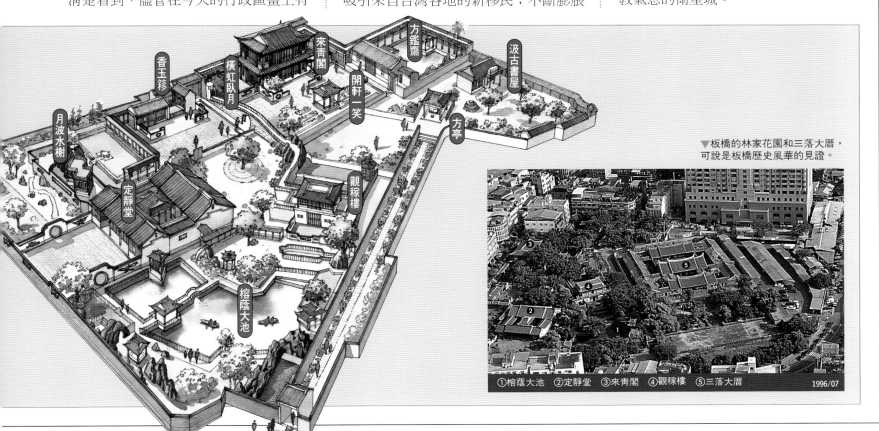

▼板橋的林家花園和三落大厝，可說是板橋歷史風華的見證。

① 榕蔭大池 ② 定靜堂 ③ 來靑閣 ④ 觀稼樓 ⑤ 三落大厝　　1996/07

# 三重・新莊

在「二重疏洪道」上空眺望：右側淡水河正緩緩流過。在河的左側，這塊由護堤圈繞著的地區，就是三重市，與遠處的台北市隔著淡水河相望，然而關係極為密切。

從畫面上，可以清楚看到橫跨河面的多座大橋，緊密連結三重與台北間的交通。而越過畫面左下角綠色的二重疏洪道，則可抵達新莊（見內頁）。三重和新莊的墾殖歷史息息相關，都屬於同一農業水利系統的灌溉範圍。如以開墾的空間順序來說，大致是先由新莊開始，再到二重、三重，一路延續而來。

僅僅在五、六十年前，三重還是大台北地區的稻米、蔬菜與香花的重要供應地，當時整個區域除了農村聚落之外，全是一望無際的水田、園圃。然而今天的三重和新莊一樣，已發展成大台北都會區重要的工業衛星城市了。

從空中鳥瞰三重的景觀，放眼所及，幾乎全都密布著高低錯落的大樓與公寓，還有重新路、成功路等數條高架道路，大刺刺地穿過原本擁擠的市區。這一條條灰色聳立的高架道筆直刺穿市區的獨特景觀，早已成為三重都市地景的一大特徵了。

重新路　中山高速公路　七星山　中正南路　圓山飯店
重新橋　　　重陽橋　淡水大橋　台北橋
大屯火山群
三重
忠孝橋
中興橋
二重疏洪道
淡水河
環河南路
三重國中
成功路
三重憲兵分隊
玫瑰收費停車場

# 台北的工業衛星城

## 三重・新莊

隔著「二重疏洪道」相望的三重與新莊，位在台北盆地西側，是緊臨淡水河和大漢溪的兩個衛星城市。

兩地分別以多座橋樑及省道連接台北、板橋等地，便利的交通運輸條件促進了工業的勃興。今天，三重和新莊已是台北最重要的工業衛星城。在密集的工廠與公寓住宅地景背後，三重及新莊都曾走過一段繁榮璀璨的歷史風光。

### 最具草莽意象的三重

下方照片由淡水河上空眺望三重：畫面上清楚呈現出左側三重市和右側台北市隔淡水河相對的地理形勢。俗稱「三重埔」的三重，據傳因是清朝入墾時第三段未墾埔地而得名。

**農業三重**：三重是由淡水河的泥砂沖積而成的平野，低緩肥沃，十分適合農作物栽培。自清代到日治1930年代，三重一直扮演著優良農業區的角色；除「稻米」外，同時是北台灣最早種植「香花」的地方——由於當時的精製茶廠多集中在淡水河對岸的大稻埕，茶廠對香花原料需求甚殷，隔河相望的三重，遂得地利之便，廣植香花。成片美麗的花埔一路延伸到淡水河岸，形成動人無比的地景圖案。

此外，三重還是重要的蔬菜產區，與蘆洲、板橋浮洲，並列為北台灣三大「蔬菜」供應區。

**工業三重**：日治時代，三重開始發展輕型製造業與手工業。二次大戰後，受到台灣工業快速發展的影響，三重成為台灣城鄉移民的第一站，也是台北周邊人口成長最快的地區。隨著外來人口的增多，傳統農地大量減少，三重進一步被規畫成多功能混合城市。

在台北都會擴大的過程中，一些不再適合留在都會區內的電鍍、印刷、機械、小五金等工廠紛紛遷往三重；俗諺流傳的「要車鏍絲就去三重埔」，正是最好的註解。一樓是工廠，二樓以上是住家，此種住、工混合的公寓是早期三重常見的建築型態；也因居民組成以勞工為多，三重因此成為台北最具草莽性格的衛星城。

▼淡水河畔的三重，以多座橋樑連接大台北地區；是台北幾座衛星城中，發展較早、較具草莽性格的工業衛星城。

①淡水河　②重新橋　③二重疏洪道　④二省道高架橋　⑤中山高速公路　⑥重陽橋　⑦三重市立綜合運動場　⑧玫瑰收費停車場　⑨淡水大橋　⑩成功路
⑪重安街（台1號省道）　⑫台北橋　⑬圓山飯店　⑭大稻埕　⑮台北市區　⑯忠孝橋　⑰中興橋

1996/08

①水河 ②重新橋 ③二重疏洪道 ④二省道高架橋 ⑤新莊
股 ⑥中山高速公路 ⑦中山高速公路 ⑧觀音山 ⑨蘆洲 ⑩八里 ⑪三重
1997/07

▲介於三重與新莊之間的「二重疏洪道」，是三重地區最重要的防洪圳道；目前圳道內開闢成菜園和運動場。

▶近年來因省道和高速公路開闢而快速開發的新莊，呈現出農地、工廠與新舊公寓樓房雜陳的地景。

## 二重疏洪道

左方照片中這一條寬廣平直的綠帶，就是大台北防洪計畫中赫赫有名的「二重疏洪道」。

三重由於地勢低窪，加上位於大漢、新店兩溪匯入淡水河的交匯處（見右側圖），因此只要遇到颱風豪雨，河水往往宣洩不及，全區頓成水鄉澤國，居民飽受洪害之苦。直到1968年通過「大台北防洪計畫」，逐步興建堤防才解決洪患問題；計畫中的「二重疏洪道方案」便成為保護三重、蘆洲的重要措施。

**圳道變疏洪道**：從三重、新莊之間橫切而過，直抵五股的二重疏洪道，原本稱為「塭子圳」，清代是大漢溪船運通往八里出海的捷徑，後來因為河床淤塞而失去河運的功能。「二重疏洪道方案

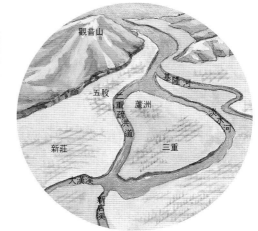

二重疏洪道示意圖

」中，將塭子圳正式規畫成台北地區的疏洪道；並往下再挖低1公尺，以供豪雨時大漢溪、新店溪洩洪之用。從空照圖中可看到，目前疏洪道內，除開闢為不會妨礙疏洪的運動場外，還遍植蔬菜，使三重地區連同舊的菜園，每年可生產近 6,000 公噸的蔬菜，提供廣大台北市民消費。

①新莊國小 ②新莊綜合運動場 ③林口台地 ④五股交流道 ⑤觀音山 ⑥中華路 ⑦思賢國小 ⑧中山路（台1號省道） ⑨中山高速公路 ⑩淡水河 ⑪二重疏洪道 ⑫思源路 ⑬中正路（台1甲省道）
1999/05

## 台北最老的街莊：新莊

右上方照片由新莊上空北望，呈現的是平廣的新莊市與背後的觀音山、林口台地。新莊，原來意指清朝雍正年間「新」設之「庄」；到今天，卻已成為台北盆地內最古老的街莊。

**河港重鎮**：新莊的興起與繁盛，時間上比艋舺（見 144 頁）還早。大約在18世紀，清雍正到乾隆初年，從淡水河口上溯的帆船就多靠泊在新莊，新莊遂以大漢溪畔的河港機能，發展成當時台北盆地最繁華的「商業」中心。附近三峽

、鶯歌、樹林……盛產的米穀，都經此到八里坌（今八里）出海。

乾隆到嘉慶年間，因桃園通台北的官道打通、縣丞的設置等，新莊進一步成為「水陸交通」及「行政」中心，繁榮鼎盛達到了巔峰。一直到嘉慶末年，新莊因大漢溪泥砂淤積，拱手將河港巨鎮的地位讓給了以新秀之姿迅疾竄起的艋舺。

**住工混雜的衛星城**：今天的新莊，和三重一樣，都因省道經過，提供較佳的運輸條件，而發展成一個人口密集、工

業與居住混雜的衛星城市。

照片中看到的新莊，明顯是由一大片頂樓加蓋鐵皮屋的老公寓、嶄新的住宅大樓、低平的廠房以及少數農田所組成。這樣的地景，說明了原本因區位偏遠而多農田的新莊，這些年來，隨著省道和高速公路交流道的開闢，瞬間有了重大改變：農田紛紛改成工業用地、高樓大廈一棟棟拔地而起。但都市規畫的腳步顯然跟不上實際的發展速度，因此形成眼前這幅新舊房舍與廠房、農田雜錯並存的景觀。

# 大漢溪中下游

沿著大漢溪往南飛，來到大漢溪與其最大支流——三峽溪交匯處的土城市上空。這是台北盆地的西南部，也是本章空中散步的終曲。

視線盡頭處，觀音山和大屯火山群分立左、右兩側，林口台地從觀音山側綿延而下；水陸兩大交通動脈——大漢溪與北二高，則蜿蜒並行在平野間。

就歷史的發展來說，先民沿大漢溪流域逐步開闢，從畫面較遠處的新莊、板橋到前景的樹林、土城，以及更上游的三峽、鶯歌（見內頁）。這些地區位於大漢溪流入台北盆地後的河岸兩側，也正是近年來台北都會擴張的重心所在。

就都市開發的角度來看，畫面上各地區，還處於一種尚未充分人工化的狀態，土地的使用型態仍以工業區為主。從空中俯瞰，可發現在眾多的廠房與住宅建築群中，仍有不少青綠的農地散布在平原間。事實上，大漢溪沿岸的土城、樹林、三峽、鶯歌等市鎮，雖然鄰近台北都會區，卻明顯呈現出不同的空間風貌和生活，並保有屬於自己的小城故事，是極耐人尋味的。

1996/07

南亞塑膠廠　柑園橋　　大漢溪　城林大橋

林口台地　觀音山　　　　大屯火山群

新莊　　　　　　土城工業區

樹林　　　　　　　　　　　板橋

樹林

三峽溪　　　　　　　　　　土城

北二高　　　　　　　　　頂埔國小

環河道路　中央路

# 盆地西南邊緣的市鎮

## 大漢溪中下游

地處台北盆地西南端的土城、樹林、鶯歌、三峽等4個城鎮，是進出台北盆地的重要關口。大漢溪從這裡往南穿流而出後，便進入桃園、中壢一帶。沿大漢溪兩岸的這4個市鎮，原來都是依山傍河的美麗田野；近年來，卻成爲大台北都會區向外擴張的重心之一，快速的開發腳步正粗野地改變這幾個小城的景觀。

①縱貫線鐵路　②文林國小　③中正路　④溪崑國中

### 溪畔的工業城：土城

下方空照圖是從大漢溪、三峽溪匯流處附近眺望，眼前這塊界於大漢溪與北二高之間略呈葫蘆狀的平野，以及北二高後側墨綠色起伏的山巒，就是今天的土城市所在。隔大漢溪相對的是樹林鎮，這兩個城鎮間以「城林大橋」相通。

**砂洲變工業城**：爲什麼叫「土城」呢？原來，早期漢人開發時，曾在這裡興築土圍、隘口等設施，以防禦原住民，因此得名。

漢人大約在清乾隆年間即入墾土城、形成聚落。最早這個地方只是大漢溪網狀水流中的砂洲地，後來才慢慢和板橋、中和、永和等地連成一片，形成歷史上所謂的「擺接平原」。

今天我們所熟知的土城，可說是一個以工業區爲主的市鎮。從空照圖中可以看出，沿著大漢溪岸開關的土城工業區內，除少數幾棟高樓外，幾乎蓋滿了一棟棟扁平的廠房，各式各樣的中、小型工廠綿延長達數公里，已經完全是一幅工業市鎮的景象了。然而仔細看，緊臨工業區後側還留有幾畦青綠的農田水塘，不經意的透露出，原來眼前的工業市鎮是由一片沃野平疇的農地改建而成的。

### 蛙躍式開發：樹林

右方空照圖中，沿著林口台地邊緣敞開的平廣土地，主要包含左側大半部分的樹林和右側的新莊（見163頁）。「樹林」這個充滿綠意的名稱，據說是因以前大漢溪氾濫，在這裡形成沼澤水潭，潭邊長滿了茂盛的樹林，因此得名。

**蛙躍式開發**：老樹林人的祖先，大約在清乾隆年間就已在此築圳道、闢良田。今天照片所見的中正路（116號縣道）兩側，都是當時的墾殖範圍。從清朝到日治，樹林和土城一樣，始終維持著一望無際、盛產米穀的田園景觀。

然而，眼前從空中所看到的樹林，卻是由高矮不均的建物、零散分布的農田以及多條交通幹道所組成。除了照片最左側、房舍較低矮的樹林老街區一帶還保有小鎮風貌外，其他地區大多是近20年來「蛙躍式開發」的結果。也就是說，市鎮的開發，並非由原聚落中心有秩序地向外逐步擴展，而是如青蛙跳躍般，隨意將原有的農田原野，改建成參差的高樓和廠房，顯現出一種「快速而粗糙」的典型都會邊緣地區開發景觀。

①北二高　②三峽溪　③頂埔國小　④土城工業區　⑤大漢溪　⑥樹林　⑦城林大橋　⑧板橋

◀大漢溪岸的土城，是台北盆地邊緣著名的工業市鎮；境內布滿了各式各樣的廠房建築。

1996/07

▲樹林的地景和新莊連成一氣，都是由參差零散的樓宅、工廠和農田組成，這是「蛙躍式開發」的結果。

## 台灣陶業重鎮：鶯歌

下方照片是在北二高「三鶯交流道」上方眺覽：這一帶正是台北與桃園兩縣的交界處，也是大漢溪進入台北盆地的關口。橫跨大漢溪的「三鶯大橋」，連接了鶯歌、三峽兩地交通；而分布在大漢溪上方的密集聚落，就是台灣陶都鶯歌鎮所在。

**陶業重鎮**：因山坡上一塊形狀像「鸚哥」的巨石而得名的鶯歌鎮，是台灣製陶歷史最悠久的地方之一。早在清嘉慶年間，就有人發現本地粘土適合製作陶瓷，開始採土設廠。不過因粘土質地粗糙，早期鶯歌僅能製作粗質的陶器。

戰後，由於技術的進步與燃料的改變，鶯歌已能製造日用碗、衛生瓷，並建立了大型的建材、電工陶瓷廠等；1970年代，又增加仿古藝瓷及耐火磚業。到今天，鶯歌陶瓷業已隨著台灣整體經濟與外貿的成長，展現出多彩多姿的風貌，形成了眾所皆知的鶯歌意象；目前總計有700餘家陶瓷行號，約佔台灣總數的1/3。

▶台灣陶都鶯歌附近，是台北通往桃園的重要隘口；大漢溪、縱貫線鐵路以及北二高都由此穿越而過。

▲高低錯落的屋宅與碧綠的阡陌溪澗，構成一幅秀麗宜人的景觀。三峽，是台灣目前難得一見、自然與人文兼美的小鎮。

## 人文與自然兼美：三峽

左方照片是在三峽溪上空南眺：畫面中這條流經青山綠野的美麗河流，就是大漢溪最大的支流——三峽溪；由於上游山區原是泰雅族大豹社群的分布地，所以又被稱做「大豹溪」。

三峽鎮大致是平行於三峽溪而發展的，照片中可見河的兩岸分布著房舍與農田；中正路（台3號省道）從河的左側跨大同橋到河右側，與溪流平行而去。至於畫面看不到的右下角部分，就是深具特色的三峽老街聚落所在。

**豐美的小城**：三峽在18世紀初便已形成聚落；到19世紀中葉，因附近丘陵地盛產樟腦及茶葉，居民大多從事製樟、製茶兩種行業，三峽市街因而商業大興，一直延續到日治時期。

戰後，受限於地理區隔，三峽並未受到台北都會區發展的衝擊。一直到1997年，北二高通車之後，三峽與鶯歌同被納入到都會區1小時等時圈的範圍內，三峽的空間結構和地理景觀才開始出現變化。如同照片所見，農地陸續被填築成鐵皮工廠、公寓高樓開始出現……

不過，在變化的同時，今天的三峽仍能以百年的歷史老街、號稱「民間藝術殿堂」的清水祖師廟，以及溪流縱橫的山林景觀，成為一處文化與自然兼具的旅遊重鎮。

# 丘陵山區

木柵・景美　　見172頁

富貴角
淡海新市鎮
淡水鎮
八里鄉
觀音山
萬里
馬鍊溪
竹指山
汐止
內湖
基隆河
汐止
南港
大尖山
基隆市
瑞芳
王爪子坑山
侯硐
五分山
三貂嶺
平溪線鐵路
縱貫線鐵路
平溪
平溪
雙溪
雙溪
貢寮
坪林
北勢溪
深坑
石碇
石碇
坪林
三峽
三峽溪
新店
烏來
南勢溪
翡翠水庫
直潭山
烏來
土城市
烏來鄉
新店市
新店溪
中和市
永和市
古亭
公館
景美
景美溪
木柵
關渡
社子
石牌
天母
雙溪
大直
內湖
基隆市
淡水河

**B** 新店溪中上游　　　　見176頁

**D** 基隆河中上游　　　　見184頁

**C** 翡翠水庫　　　　見180頁

**E** 汐止・內湖　　　　見188頁

**F** 雙溪沿岸　　　　見192頁

金山岬

金山鄉

萬里鄉

瑪鍊溪

五堵

水湳洞

金瓜石

隆河

平溪鄉

雙溪鄉

三貂角

卯澳

石碇鄉

北勢溪

坪林鄉

# 丘陵山區的特色

本區所指的丘陵山區，大致是環繞台北盆地南側與東側的山脈及周邊地區，大約就是淡水河三大支流的中、上游山區。主要包含今天的景美、木柵、新店、石碇、坪林、平溪、瑞芳、暖暖、汐止等城鎮。

這片蒼翠起伏的山野，往昔以「產業」著稱，曾是茶葉、煤礦、樟腦等台灣出口大宗的主要產區；位居河岸兩側的暖暖、汐止、木柵、景美、新店等河港市街，即以貨物集散的功能而興盛起來。「水力」的開發利用、山坡地「住宅」的闢建，以及溪谷「遊憩」景點的興起，則是晚近重要的發展方向。

## 豐富多樣的物產

豐富多樣的物產，是丘陵山區最大的特色之一。基隆河中、上游流域是台灣的黑金與黃金之鄉，礦坑遍布。平溪線鐵路沿途，自1920年代起，大量進行煤礦開採，平溪、十分寮、菁桐、侯硐……都曾是風光一時的礦業聚落。

新店溪流域，則以茶園著稱。坪林、石碇、木柵等山坡地廣植的茶樹，曾寫下輝煌的史頁。今天，在北宜公路沿線仍可欣賞到滿山遍野的茶園景觀，而木柵的貓空茶園則是北台灣觀光茶園的代名詞。

## 豐沛的水利資源

淡水河系的新店溪、大漢溪與基隆河，是大台北地區最重要的水源命脈，自古提供大台北居民多項重要功能。

其中，蜿蜒流長的新店溪，更是水利資源最豐富的一條河川，貢獻良多：除了傳統的農田灌溉外，還具備給水和發電兩大功能，與台北人的生活息息相關。

目前，翡翠水庫、青潭堰、直潭淨水場以及翡翠、龜山、烏來、粗坑等各個發電所，已共同形成台灣北部最大規模的水利建設。

平溪線鐵路沿途過去是重要煤產區（1998/07）

貓空茶園是台北近郊最大的觀光茶園（1998/10）

內湖擁有難得的湖光山色，近年來山坡地逐漸被開發成住宅區。

翡翠水庫是大台北地區最重要的水利建設 1997/07

翡翠水庫大壩 1997/07

新店的山坡地建築 1996/08

鄰近台北都會的近山地區，如內湖、汐止、新店和木柵等地，因擁有難得的山水景觀、便捷的交通及較便宜的地價，近年來吸引許多建商投入，進行大規模的開發。

一個個「新城」、「新鎮」、「大郡」、「山莊」……紛紛鑿山闢地，在山坡上轟立起來。然而，毫無節制的與大自然爭地、任意破壞水土保持，終要付出高昂代價，一次次颱風造成的嚴重災情，正是大自然反撲的警訊。

鄰近都會的山坡地，被開發為住宅社區；距離稍遠、景色宜人的山壑溪谷，也難逃開發的腳步。

這些風光明媚的世外桃源，近年來為因應大都會人口的休閒需求，漸漸被開闢成各式各樣的遊憩景點。

新店溪流域的碧潭、直潭、濛濛湖、燕子湖、梅花湖……雙溪沿岸的內雙溪、外雙溪風景區；平溪線鐵路沿線的十分寮、平溪等，都是假日台北人休閒的熱門去處。

基隆新山水庫附近龐大的山坡地建築群 1996/08

幽靜清朗的新店溪谷是著名的風景區 1996/08

1996/08

基隆河岸的平溪鄉是熱門的鐵路旅遊景點 1998/07

# 木柵・景美

一飛離台北盆地，周邊丘陵山區的綠意迎面撲來，心情爲之舒暢起來。

眼前如浪起伏的山丘，就是位於盆地東南丘陵地帶的「木柵貓空」。四處散布著茶園、茶莊，出產的鐵觀音茶遠近馳名，可說是台北附近最富茶香的丘陵地。「到貓空泡茶去！」這句話早已成爲台北民衆流行的邀請詞。

從空中看下去，蜿蜒曲折的山道，連通散布各處的屋舍、茶園，景致別有一番幽趣；尤其和遠處盆地內壅塞不堪的水泥叢林對照來看，對比特別強烈。

畫面中央可見「指南宮大雄寶殿」醒目矗立，橫越山腰的指南路，即是運茶的主要幹道，人們亦多利用此道上山品茗。再往遠處眺望，景美溪從右方深坑的山區不絕如縷地流出，一路流向左方的景美地區；「政治大學」就位在北二高與景美溪之間的三角地帶。在畫面更遠處的山麓，垃圾焚化廠後方是「富德公墓」，對面就是著名的「木柵動物園」。

除山區以外，木柵其實已與景美的發展連成一氣，都會的腳步也隨著景美溪逐漸上溯。在捷運木柵線相助下，動物園的觀光事業一日千里；加上茶園青翠，產業道路四通八達，成爲鄰近都會區的休閒勝地。

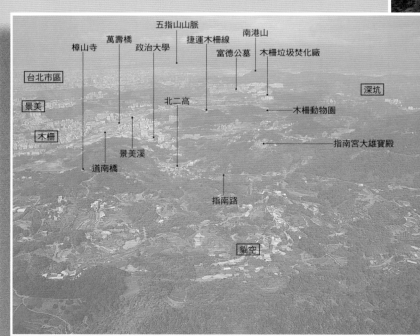

# 木柵・景美

## 景美溪畔的聚落

文山區是位於台北市最南端的行政區，區內實際上包含了眾所熟悉的木柵和景美二地。就地理上來說，本區北有蟾蜍山、南港山與都會區相隔，南有貓空山區為邊界，自成一個獨立的空間；加上不絕如縷的景美溪川流其間，構成一幅環山親水的秀麗景觀。

今天的木柵、景美已發展出以居住和遊憩為主的地區特色；貓空茶園、木柵動物園、指南宮等，是目前台北假日最具人氣的休閒山區之一。

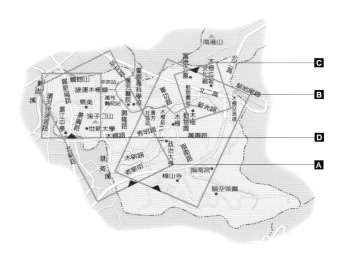

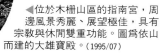
①老泉街 ②北二高 ③新店 ④世新大學 ⑤國家考試院 ⑥新店溪 ⑦景美 ⑩景美女中 ⑪景美溪 ⑫木柵 ⑬興隆路 ⑭萬芳醫院 ⑮警察專科學校

## 茗茶飄香：木柵

右上方兩張併排的空照圖，大致涵蓋了景美與木柵的主要範圍。照片中，從溪子口山以北到蟾蜍山之間，屬於「景美」；而溪子口山以南到景美溪兩岸則屬「木柵」。兩地不僅區位相連，並且在歷史開拓上都與景美溪息息相關。

**台北近郊最大的觀光茶園**：木柵的地名，源起於漢人入墾時為防堵山區的原住民所設立的「木」樁圍「柵」。這一帶的丘陵地，原是新店烏來山區泰雅族人的活動場域。漢人入墾後，逐漸將山坡地闢為茶園和柑橘林；此後到日治時期，木柵一直與深坑、石碇、坪林等地並列為北台灣重要的茶產地。今天的木柵茶產業，已轉型為與都市休閒生活結合的觀光茶園，尤其貓空一帶，更是聲名遠播，種植面積達 150 公頃，是台北近郊最大的觀光茶園。

從右上方兩張空照圖，可清楚看出木柵的地形和聚落開發特色：在周圍山林與茶園的環繞下，由深坑一路彎流而來的景美溪，就像一塊強力磁鐵般，把人群都吸引到溪畔的平地，建立起密集的聚落。從溪子口山到景美溪之間，壅塞的房宅幾乎布滿整個地表。近年來，由於木柵動物園的設立、貓空觀光茶園的興起以及北二高、捷運木柵線等交通網路的完成，木柵的開發更不斷被炒熱；從照片中可以看到，房地產建設的腳步已悄悄攀上溪子口山的坡地了。

## 雄峙山腰的古剎：指南宮

俗稱「仙公廟」的指南宮，是木柵山區最負盛名的宗教聖地，不但香火鼎盛、風景幽美，更以儒、釋、道三教合一而聞名全台。由於雄踞海拔 200 餘公尺的山腰上，廟宇氣勢顯得十分宏偉莊嚴，下方照片即是巍峨的大雄寶殿。過去上山朝拜的信眾，大多沿著 1,000 多級石階，一路賞景而上，現今則闢有萬壽路，可驅車直抵。

指南宮本殿，奉祀道教的呂洞賓；日治末期增建觀音殿，成為釋道合一的寺廟。戰後，又設置奉祀孔、孟的大成殿，真正成為「三教合一」的廟宇。在今天的休閒趨勢下，指南宮已成為一處結合宗教崇拜與登山健行的理想景點。

## 墓園・焚化廠・動物園

墓園和垃圾焚化廠往往是城市發展的邊緣指標，然而隨著台北都會的快速擴張，過去的邊緣卻一步步被納入都會圈內，形成另一項都市發展課題。

右頁中間照片，是位於木柵東北側、南港山山坡地附近的景觀。畫面中觸目驚心、排列整齊的密集小點，乍看一如台北山坡地的房地產開發，實際上卻是另一種居所——「富德公墓」；這裡是全台北市規模最大的土葬墓園。墓園旁藍、白、綠相間的高大煙囪，則是另一種邊緣象徵——「木柵垃圾焚化廠」；這裡和內湖、北投共同組成處理台北都會垃圾的三大焚化廠。

不過，與焚化廠隔景美溪相對的「木柵動物園」，卻一點

◀位於木柵山區的指南宮，周邊風景秀麗、展望極佳，具有宗教與休閒雙重功能。圖為依山而建的大雄寶殿。（1995/07）

①老泉街 ②北二高 ③木柵 ④景美溪 ⑤政治大學 ⑥道南橋 ⑦捷運木柵線 ⑧富德公墓 ⑨南港山 ⑩木柵垃圾焚化廠
⑪木柵動物園 ⑫深坑 ⑬指南宮大雄寶殿 ⑭木柵隧道 ⑮樟山寺 ⑯貓空茶園 ⑰景美隧道
1997/10

⑧蟾蜍山 ⑨溪子口山
1997/11

▲左右兩張併排的空照圖，呈現出由南往北眺覽木柵、景美地區的景觀。照片中，弧形彎繞的昔日水運動脈「景美溪」，與今日平直流暢的「北二高」形成強烈對比，透露出古今交通方式的巨大變化。

▼木柵的「富德公墓」是台北市最大的墓園，對面的「木柵動物園」則是最受歡迎的親子休閒地點。

①北二高 ②木柵垃圾焚化廠 ③木柵動物園
④捷運動物園站 ⑤景美溪 ⑥富德公墓 1997/07

也不「邊緣」。這座號稱東南亞最大的動物園，在捷運木柵線通車後，由於20分鐘內即可抵達台北市中心，目前是台北都會最受小朋友歡迎的休閒勝地。

▶蟾蜍山以南的景美，因位居景美溪與新店溪交匯處，自古就是台北南區重要的交通與商業中心。

## 景美溪水運中心：景美

景美舊名「梘尾」，因正好位在過去瑠公圳輸水木梘的尾端而得名。相較於茶園農業聚落的木柵，早期的景美以地處新店、景美兩溪匯流處的優越地理位置，發展成景美溪重要的貨物集散地與商業中心。下方空照圖，可看出蜿蜒的景美溪在左上角與新店溪匯合的情形。

今天人聲鼎沸的「景美街」夜市一帶，是老市街發展的起源地；羅斯福路曾是萬新鐵路所在，1965年鐵路拆除後，寬闊流暢的羅斯福路、北新路以及近年興築的環河快速道路等，立刻取代水運及鐵路，成為景美與新店、台北等地聯繫的便捷幹道。可以預見，深藏在地底下的捷運新店線，勢將對景美未來的發展帶來另一番衝擊。

①瀧江中學 ②景美溪 ③環河快速道路 ④新店溪 ⑤蟾蜍山 ⑥景興國中 ⑦景美國中 ⑧景興路
⑨景美街 ⑩景文街 ⑪景美國小 ⑫羅斯福路 ⑬鳴遠橋 ⑭景美橋
1997/11

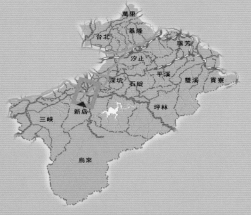

# 新店溪中上游

在新店山區上空眺望：美麗的新店溪以不可思議的身姿，左搖右擺的，穿越新店市，款款流向遠方的滾滾紅塵。

新店溪有著奇特的S形流路，在畫面近景中，明顯可見到弧形的「曲流」和「河階」地形──中間是「直潭」，右邊則是「灣潭」。溪水驚人的力量，從空中看來真是再清楚不過了。

再往下游，還有「青潭」和著名的「碧潭」（見內頁）。眾多地點都以「潭」為名，正說明了新店溪中上游地形的一大特色。新店溪流出山區後，進入人煙稠密的新店、木柵、中和及台北市區；若往更遠處瞭望，還可見環繞台北盆地的群山：東側尖凸的南港山，北側的五指山山脈、大屯火山群等。

整個畫面，清楚顯示新店溪的諸多貢獻：自古以來，它以豐沛水利灌溉台北盆地的農田，促進盆地的墾拓發展；現在，它的給水和發電，更是大台北最重要的水資源。

而位於新店溪兩岸的新店市，除了老街市鎮的快速發展外，因為擁有溪流迷人的水色山光，近年來溪岸和山坡地已經成為人們爭相居住的勝地了。

# 新店溪中上游

## 山明水秀的南郊勝地

自雪山山脈汩汩傾流而下的新店溪，在直潭一帶進入台北盆地。豐沛的溪水，不僅滋潤了台北人的生命、形塑出優美動人的曲流和河階地形，更沿著中上游溪岸孕育出台北南郊重要的歷史聚落——新店。

今天的新店市，有繁榮的街景、有秀美的山水，是一處宜居宜遊的好地方。

### 幅員廣闊的新店市

新店市的範圍非常遼廣，幾乎涵蓋了景美溪以南到南勢溪、北勢溪匯流處的兩岸地帶（見右頁地圖），包括了大坪林、新店老街、碧潭、安坑、直潭及廣興等地。

從地圖上可以明顯看出，新店溪在直潭附近有一彎明顯的S形曲流，曲流以下逐漸進入熱鬧喧騰的新店市街，曲流以上盡是山谷溪瀑，景色十分怡人。下面就配合空照圖和說明，分別從新店市街、碧潭、直潭曲流到新店溪上游河谷，來作一番巡禮。

### 聚落發源地：新店市街

右方照片呈現的就是曲流以下的新店市街精華所在，主要包括歷史上的「大坪林」和「新店街」這兩個重要的聚落。畫面中央可見新店溪由右至左緩緩流入台北市區，橫跨溪面則有3道建於不同年代、風貌迥異的橋樑。

**市街源起**：照片中，在北二高碧潭橋左上方，介於山丘和新店溪之間的三角形地帶，就是清代至今一直被稱為「大坪林」的區域。早在清乾隆初年就有漢人來此墾殖，並開鑿「大坪林圳」灌溉廣袤的水稻良田。

北二高碧潭橋右方，從碧潭吊橋橋頭到山邊的空間，就是歷史上「新店」地名源起處。清道光年間，漢人來此闢建店舖時，因附近地區早已開發，所以將這裡命名為「新店街」，大約是今天緊臨碧潭堤岸的老街——新店路一帶。

**市街的銳變**：新店市街早期依賴新店溪水運和萬新鐵路（萬華到新店）而發展起來，在水運和鐵路相繼沒落後，改以工業區著稱，成為台北市郊重要的衛星城鎮之一。同時，因依山傍河的自然環境，擁有較其他地區優質的居住條件，吸引了大量人口移居到此。

近年來，隨著台北都會不斷向四方擴展，新店市街早已和景美、木柵緊密相連。加上北二高碧潭隧道、跨河大橋、環河快速道路以及大規模的民間建設等工程，充分展現了人類巨大的營造能力，這些尺度超大的建設，提供了驚人的視覺經驗，也改變了新店原有的空間結構。今天的新店已從當年的老街小鎮，蛻變成一個工商勃興的嶄新城市。

### 浪漫的湖光山色：碧潭

緊臨新店老街的「碧潭」，早期是新店地區最負盛名的旅遊景點，也是台北近郊極具特色的名勝之一。

所謂「碧潭」，其實是新店溪的一部分；新店溪流到這裡，由於河岸寬廣、水流平靜，加上西岸高數十公尺、有「小赤壁」之稱的山壁，形成宛如世外桃源般的獨立景致，因此稱為「碧潭」。

在許多台北人的成長過程中，碧潭是必不可少的浪漫去處。深綠的潭水、削立的石壁、一線凌波而去的吊橋、遊艇輕舟與茶座……組成日治時期以來台北人夏日休閒的共同記憶。當時，由萬華搭萬新鐵路到碧潭划船是十分熱門的假日活動。

**碧潭吊橋**：興建於1936年的碧潭吊橋，可說是新店的地標。雖然僅有短短百餘公尺長，橋面也不寬廣，但柔美獨特的造型，與一灣潭水相映照，使其一度成為大台北最著名的橋樑，聲名遠播全台。可惜，自1965年萬新鐵路拆除，新店溪也漸不能行船，碧潭盛況不再。近年來，在各項龐大工程的對比下，碧潭吊橋更顯老舊渺小，甚至一度計畫要拆除，所幸後來被保留下來。

▶新店市街的精華區，主要包括北二高碧潭隧道左右兩側的大坪林、新店老街及碧潭等地。大型的交通建設和依山傍河的天然條件，使新店成為台北南郊潛力無窮的市鎮。

① 空軍公墓　② 北二高碧潭橋　③ 新店溪　④ 碧潭大橋　⑤ 環河快速道路　⑥ 大坪林　⑦ 寶橋路　⑧ 新店交流道　⑨ 中興路　⑩ 北新路　⑪ 捷運新店站　⑫ 北二高碧潭隧道　⑬ 能仁家商　⑭ 文山國中　⑮ 新店老街區　⑯ 碧潭　⑰ 碧潭吊橋

## 幽谷勝境：新店溪上游

直潭曲流以上的新店溪沿岸，逐漸遠離城市的喧囂，進入群峰環繞、溪流潺湲的山水麗境。由於沿途擁有多處清新靈秀的景點，逐漸被開闢成風景遊樂區，形成台北南郊一條兼具賞山、戲水之樂的「新店溪風景線」。

下方照片就是從翡翠水庫直潭壩到龜山一帶的新店溪河段。在翡翠水庫未興築之前，這裡原本是礫石遍布的一彎細流。直潭壩建成後，變成翡翠水庫的集水區，水位驟升、河面變寬，由於平靜無波，因此出現許多帶有「湖」字的地名，如燕子湖、梅花湖、濛濛湖……這些景點都已陸續開發成適合釣魚、划船、露營等活動的遊樂區，是台北近郊消暑戲水的絕佳地點。

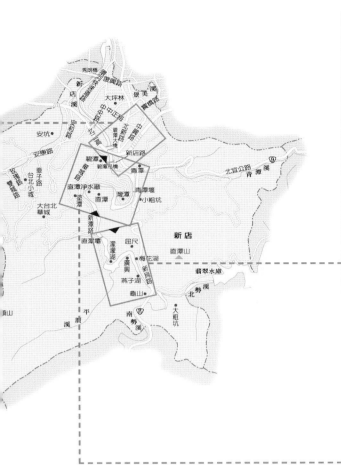

①屈尺 ②自強路 ③梅花湖 ④燕子湖 ⑤龜山 ⑥廣興 ⑦濛濛湖 ⑧新店溪 ⑨直潭壩　　1996/07

▲新店溪上游擁有翠朗清靜的溪谷山巒景觀，是夏日露營戲水的好去處。

◀新店溪的直潭曲流和河階，優美動人。（1996/09）

### 直潭曲流和河階的形成

新店溪發源於雪山山脈，而在新店直潭附近流出山谷，進入台北盆地。由於河水的侵蝕、泥砂的堆積以及河床的抬升等因素，新店溪在直潭一帶形成了S形的曲流和河階地形，下面就是其詳細的形成過程——

①形成崖壁和河灘：新店溪流到直潭一帶，由於碰到堅硬的岩壁，因此轉彎改變流路。在河流轉彎的一側，溪水的衝擊力大，河岸被侵蝕成陡峭的崖壁；另一側因不受河水的衝擊，反而堆積泥砂，形成河灘。

②形成曲流：在溪水的長期侵蝕下，轉彎處的河岸崖壁逐漸向內凹入；而另一側的河灘卻因不停堆積，而逐漸向外凸出。如此一凹一凸的結果，河道就在此繞個大彎再向下游流；這種彎曲的河道就叫做「曲流」。

③形成河階：除了侵蝕河岸之外，新店溪溪水也不斷向下侵蝕河床，加上板塊擠壓的強大力量，使得新店溪河床不斷被抬升，而原本位在河面下的曲流河灘，便一次次露出河面，成為今天直潭地區的河階地形。

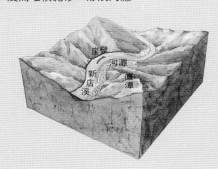

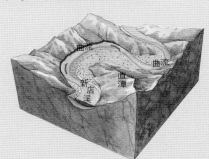

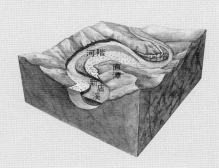

# 翡翠水庫

彷如深藏山中的祕境一般，翡翠水庫悠然映照著天光、雲影、山色……水面清澈澄亮，簡直就像是遠離塵囂的世外桃源。

從空中俯瞰這美景，真是令人神往不已。尤其是抬頭再張望到山嶺之後，大台北那萬丈紅塵的繁雜景象，這樣的感受不由得更加強烈了。

翡翠水庫可說是大台北都會區的生命泉源——每日供應數百萬大台北居民源源不絕的生活用水。這一座龐大的水庫，截取新店溪支流「北勢溪」的水源，集水總面積廣達 303 平方公里。從空中看下去，水庫向上游略呈樹枝狀分布；畫面左側灰白色的圓弧形水泥建物，就是高達 122 公尺的水庫壩體，強度足以承受水庫滿水位時約 4 億 600 萬立方公尺水量所產生的壓力哩！

翡翠水庫自1987年完成後，大台北地區就未曾因缺水而有過限水行動。由水庫上空向北遙望整個台北盆地，眼前景象正訴說著這片美麗的青山綠水，是如何餵養著台北盆地內成千上萬的人類。

但水資源的供應終究有其限度，在人口依然蓬勃成長的趨勢下，眼前的美景似乎不能不令我們做深入的省思。

大台北華城　直潭山　林口台地　新店溪　淡水河　觀音山　新店　台北市區

翡翠水庫大壩　翡翠谷

翡翠水庫　九紀山

# 翡翠水庫

## 大台北的生命泉源

新店溪是淡水河三大支流中流量最大的一條，而滋潤大台北地區的生命泉源──翡翠水庫，就建在其支流北勢溪上。

清澈平緩的北勢溪不但是翡翠水庫所依存的水源，其丘陵地更孕育出著名的「坪林茶」；而群山環抱、風光明媚的自然景觀也是露營、郊遊的好去處。

### 台北水源地：翡翠水庫

躺臥在靈秀的北勢溪上、供應大台北地區主要飲用水源的「翡翠水庫」，以及其周邊各項相關設施，可說是目前新店溪流域最重要的工程建設。自興建完成以來，對大台北居民的日常生活及大自然的生態，分別產生極大影響。

**翡翠谷建壩**：1970年起推動的「翡翠水庫」計畫，是以供應大台北地區自來水為主要目標，希望滿足大台北地區到2030年的用水需求。水庫旁同時設置一座容量7萬仟瓦的發電廠，以紓解台北尖峰時段的電力負載。壩址最後擇定於台北縣石碇鄉的翡翠谷，因為此處河谷狹窄，而上游腹地寬廣，是建壩的理想地點。1987年完工啟用後，成為全台第二大水庫，僅次於台南的曾文水庫。

**衝擊自然生態**：如此規模龐大的水庫，雖然滿足了大台北地區的需水量，但興建完成後，原來台北人划船、露營的翡翠谷及鱸鰻潭都被埋沒在深水裡了。此外，水庫的建設也對當地的生態環境產生衝擊，尤其一些稀有的迴游性魚類

①九紀山 ②翡翠水庫 ③翡翠谷 ④翡翠水庫大壩　　1996/07

▲在群山環繞中，如樹枝狀開展的翡翠水庫，是大台北地區家庭、灌溉用水的主要來源。

，因水庫建設阻礙其迴游路徑而面臨絕跡的危險。

### 台北重要茶鄉：坪林

過翡翠水庫以後，北勢溪逐漸進入台北縣的重要茶鄉之一「坪林」境內。坪林全境山多平原少，渾然天成的綠野溪澗，使這裡成為北台灣極著名的露營勝地；而滿山遍野的茶樹，更發展出蓬勃的觀光事業。

**坪林茶**：坪林種茶的歷史相當久遠。台灣茶最早由福建傳入是清嘉慶年間的事，一直到道光年間，北台灣的茶園主要集中在兩處：坪林和深坑。淡水開港後，坪林茶逐漸成為北台灣重要的經濟作物。一直到今天，儘管台灣茶的產地

---

### 為何選在這裡建水庫？

興建翡翠水庫的地點，首先考慮淡水河三大支流：大漢溪已建有「石門水庫」；基隆河平時流量少，水質污染嚴重；唯有新店溪流量大、水質佳，較適合興建水庫以攔蓄河水。

選定新店溪後，進一步要在新店溪的幾條主要支流中，挑選一處最佳地點：景美溪流量小、水質差，而且流域內有很多已開發的社區及農田，不適合興建水庫；南勢溪坡度陡、淤砂多，也不理想；最後北勢溪以下列條件，雀屏中選，成為翡翠水庫所在地──

①河道平坦、淤砂少，有利集水。

②雨量豐沛、集水面積廣，水庫具有較大的蓄水容量。

③位在雪山山脈厚達約200公尺的堅硬砂岩上，基盤穩固。

④流域內的大部分地區尚未開發，在整體環境的評估之下，影響與破壞的程度比較小。

日廣，但歷史悠久的坪林茶，尤其包種茶，卻仍廣受歡迎、經久不衰。北宜公路沿途就可欣賞到優美翠綠的茶園景觀，還有一座「坪林茶葉博物館」，展示豐富的茶葉相關知識。

## 九彎十八拐：北宜公路

右方照片中這條蜿蜒於群山萬壑間的道路，就是目前大台北地區通往宜蘭縣，唯一一條橫斷雪山山脈、最便捷的道路──台9號省道北宜段，也就是一般人習稱的「北宜公路」。

**驚險刺激的道路**：北宜公路開闢於清嘉慶初年，初闢時雖只是一條狹窄的山道，但因「可一日而抵艋舺」，廣為當時人使用。光緒年間，劉銘傳曾加以拓寬；一直到日治時期，全線從新店到礁溪才真正打通，對沿路各鄉鎮的開發，貢獻甚大。

今天的北宜公路，全長80餘公里，起

▲以「九彎十八拐」名聞遐邇的北宜公路，是台北地區直通宜蘭最便捷的道路，沿途景觀引人。（1996/11）

自新店市區，終於宜蘭縣礁溪鄉的二城。由於橫斷雪山山脈，一路穿山傍河、景觀處處，加上彎道極多，有所謂的「九彎十八拐」，行車十分驚險刺激，因此便有許多繪聲繪影的北宜公路詭奇故事在民間流傳著。

## 新店溪水如何變自來水？

位在新店溪流域的翡翠水庫，是大台北地區生命活水的來源，不僅提供了97%的用水量，更利用水力發電，補充大台北地區尖峰時段的電力。下面的解說圖，就是新店溪的溪水經過翡翠水庫及直潭壩、淨水場等相關設施處理後，變成家裡天天使用的自來水的主要流程。

**翡翠水庫**：負責儲存新店溪溪水，總蓄水量達4億600萬立方公尺。

**翡翠發電廠**：利用水庫排洩水源的巨大力量來發電，補充大台北地區尖峰時段不足的用電量。

**直潭壩**：攔住翡翠水庫宣洩下來的水，提供附近「直潭淨水場」的水源。

**青潭堰**：攔住並儲存新店溪溪水，再由上方的「青潭取水口」送到景美蟾蜍山和公館兩個淨水場。

**蟾蜍山、公館（第二）淨水場**：來自青潭堰的水，在此經繁雜的淨水處理後，送到南港、松山、景美、木柵、萬華等地用戶。

**直潭淨水場**：台北最大的淨水場。抽取直潭壩的水，經沈澱、過濾、消毒等手續後，分送到新店、永和、中和、內湖等地用戶。

# 基隆河中上游

1998/07

在七堵的上空，俯視基隆河中上游的河谷，只見錯綜複雜的公路、鐵路，散發出強烈的交通重要管道訊息。

的確，七堵和八堵，正是台北盆地北往基隆、東往宜蘭、花蓮、台東的中繼站，交通樞紐的地位不言可喻。

從畫面上來一一細數吧：左側的交通大動脈──中山高速公路，穿過山嶺，直通基隆港（見60頁）；另有一條引道橫過基隆河，通往東北角風景區和東部各地。而畫面右側的河岸，可見到幾乎並行前進的縱貫線鐵路和台5號省道，往基隆方向直去；縱貫線鐵路到了八堵，又可接宜蘭線鐵路，前往東部。

不僅如此，在鐵、公路尚未發達的年代，由於基隆河上游盛產煤礦，所以河道本身早就是主要運輸路線了。

從畫面中還可清楚看出另一有趣的訊息：基隆港與基隆河中上游，地理上竟是如此的接近，只要翻個山頭就到了，難怪早期基隆河流域和北海岸都屬於原住民馬賽人的天下。

而今日在礦坑逐漸關閉後，上游各處的原始山水風光、礦場遺跡等，已轉變成為最熱門的休閒景點了。

長庚醫院　協和火力發電廠　基隆港　台5號省道
安樂社區　中山高速公路　基隆嶼　八堵車站
獅球嶺
八德橋
中國石油
八堵油庫　　縱貫線鐵路
八堵交流道
基隆河
台電變電所
七堵調車場

# 北台灣的礦業之河

基隆河從發源地平溪到五堵一帶的中、上游河域，在自然流路上呈現了令人驚嘆的180度大轉彎。

這段大轉彎的沿河兩岸地區，不僅自然景觀饒富變化，昔日在水陸交通上也扮演關鍵性的轉運角色。而平溪、瑞芳、暖暖等幾個城鎮，更是赫赫有名的金礦、煤礦重鎮，一度是台灣礦業最發達的地方，至今還留有不少礦業文化遺跡。

下面就配合一張張空照圖，來看看今天基隆河中、上游流域，幾個城鎮的自然與人文景觀。

## 水陸交通轉運站：暖暖

下方照片是基隆市境內的「暖暖」段基隆河域。這裡昔日是基隆河內河航運的終點站，也是北台灣重要的埠頭，暖江橋下還擁有遠近馳名的「壺穴群」地形景觀。

**耀眼的礦業河港**：暖暖一帶原是平埔族人的活動場域；清乾隆之後，開始有漢人從基隆河下游逆水而上，來此定居；嘉慶年間，暖暖已是台北、宜蘭間的交通中繼站。

隨著北台灣商業興起，又名「港仔口」的暖暖，因位居當時基隆河內河航運的終點，附近地區的茶葉、木材、染料、煤礦等物產都在此集散，因此發展為基隆河汐止以上最重要的水陸交通轉運站。光緒年間，基隆河發現砂金，官府在此設金砂分局，商賈大戶絡繹於途，更造就出繁華鼎盛的暖暖市街。

日治時期，八堵到蘇澳鐵路的開通、基隆河的淤淺以及茶、礦業的逐漸沒落……暖暖的水運和商業地位一落千丈，暖暖市街也由絢麗歸於平淡。然而，從今天的空照圖中，仍可看到沿基隆河岸修築的陸路交通動線——台2丁省道和宜蘭線鐵路，都經過暖暖。從水路到陸路，暖暖的歷史發展與交通密不可分。

## 貨櫃天下：五堵

下方照片是介於台北汐止與基隆七堵間的「五堵」段基隆河域。

五堵由於鄰近汐止，地理上和台北盆地相連，成為昔日漢人入墾基隆河中、上游谷地的第一站。地名「堵」的由來，即因墾民在此築土牆以防堵原住民；這裡是基隆河流域第一個以堵為地名的地區，其他還有六堵、七堵、八堵等。

**貨櫃場大本營**：早期五堵的居民，大多從事農作和採煤業。然而，今天由於基隆港貨櫃運輸的勃興，五堵和七堵等周邊地區，已發展成基隆市最大的貨櫃倉儲集中地。從空中放眼看去，一塊塊排列有序的貨櫃場，密集地分布在基隆河兩岸，而高速公路、縱貫線鐵路及新台五路等交通網，更凸顯出五堵地區倉儲與運輸的產業特徵。

①基隆河 ②中山高速公路 ③五堵交流道 ④千祥橋
⑤縱貫線鐵路 ⑥新台五路 ⑦五堵隧道　　　　1992/06

▲今天五堵一帶的基隆河兩岸，已成為基隆地區極重要的貨櫃倉儲中心。

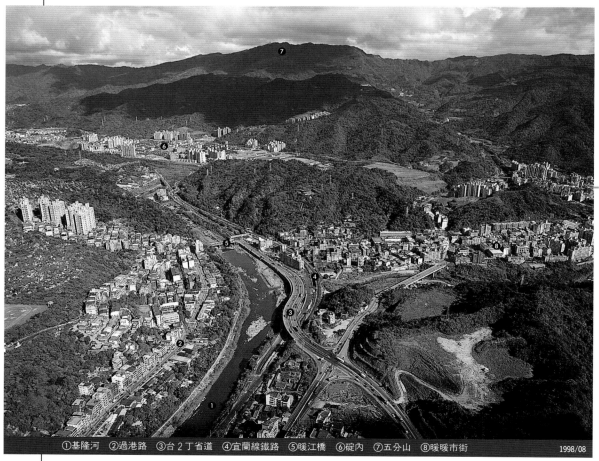

①基隆河 ②過港路 ③台2丁省道 ④宜蘭線鐵路 ⑤暖江橋 ⑥碇內 ⑦五分山 ⑧暖暖市街　　　　1998/08

◀由溪流、山巒、聚落和鐵、公路共同交織而成的暖暖地區，呈現出基隆河中、上游城鎮的典型景觀。

① 宜蘭線鐵路 ② 基隆河 ③ 三爪子坑山 ④ 瑞芳 ⑤ 侯硐 ⑥ 深澳灣 ⑦ 三貂嶺 ⑧ 侯牡公路　　　1998/08

▲基隆河流到三貂嶺附近，原來直接由北方的深澳灣出海，台北盆地陷落後，河道才 180 度大轉彎，改由台北盆地出海。

## 大轉彎處的峻嶺：三貂嶺

　　左方照片是屬於瑞芳鎮境內的「三貂」段基隆河域，這裡也正是基隆河大轉彎處的主要部分。

　　**峽谷地形**：從照片上可以看出這段基隆河流域已進入連峰疊嶂、山壁峭立的峽谷地區，全區幾乎找不到一塊平坦耕地；僅見的聚落，也侷促在狹窄的河岸邊。照片最上方的深澳灣，是古基隆河的出海處；右側的山巒，就是昔日從台北前往宜蘭必須翻越的三貂嶺。今日嶺上已有便捷的 102 號縣道與侯牡公路蜿蜒，前者可串連九份與金瓜石聚落，並連接台 2 號濱海公路直達宜蘭。

　　**侯硐礦城**：照片上可見宜蘭線鐵路沿河而行，左前方一處較具規模、設有車站的聚落，就是以採煤業著稱的侯硐；境內分布許多煤礦坑，居民大多以採煤維生，是一個十分典型的礦業聚落。

① 基隆河 ② 106號縣道 ③ 平溪線鐵路 ④ 十分寮 ⑤ 三爪子坑山 ⑥ 基隆山 ⑦ 三貂嶺　　　1998/08

◀山巒疊嶂的平溪鄉，昔日曾是喧赫一時的產煤重鎮，今日已轉型為鐵路旅遊的熱門去處。

## 台灣最大煤礦坑：平溪

　　左方照片是基隆河上游的「平溪」段河域，此處以往是舉足輕重的煤礦重鎮，現在則是假日熱門的休閒去處。

　　**舊煤城‧新景點**：平溪與台北市中心的直線距離只有20公里左右，大約與土城、林口或淡水相當，但卻因為山林阻隔而顯得十分遙遠。從照片上可以清楚看到，此段基隆河域，谷地十分狹窄，只在照片中央的十分寮一帶有比較廣闊的河階平地。河岸上闢有兩條重要的聯外孔道：一是全長約12公里、自三貂嶺直抵菁桐的運煤鐵路——平溪線鐵路；一是 106 號縣道，兩者可分別通往台北和基隆等地區。

　　平溪是1920年代左右興起的礦業城鎮，往日擁有台灣開採最盛的「菁桐坑煤田」及規模最大的「石底斜坑煤礦」，風光盛極一時。近年，煤業沒落後，平溪線鐵路沿途，卻反而因為難得的瀑布溪谷及純樸的小鎮風光，成為都會休閒新寵，每逢假日遊人絡繹不絕。

# 汐止·內湖

1998/08

飛到內湖附近丘陵的上空，朝南方望去，眼前所見，是汐止、南港、內湖一帶的交界處。這裡已逼近台北都會，無論是在山丘上，或是基隆河兩岸，到處出現密集壅塞的建築群落。

貫穿畫面中間最顯眼的交通動線，是中山高速公路。基隆河蜿蜒流過，在眾多建築之間隱約可見。再望向遠方，山脈橫亙不斷，右上角那座尖凸奇特的單面山，便是南港山。自此再往右邊延伸下去，就進入台北盆地了。

基隆河沿岸高密度開發的情況，從空中鳥瞰真是一目了然。除了臨河地區外，周圍原是樹林薈鬱的丘陵，現在被一片片規模龐大的建築群落佔據，幾乎無處倖免。眼前所見，正是人類向大自然強力爭地的典型景觀：掀去大自然的綠衣，在裸露的土地上鑿山築牆，蓋起一棟棟豪宅大廈，也一步步啃蝕著滋養萬物的綠野山林。

這樣的場景，不只見於基隆河岸的內湖、汐止，更普遍存在於台北盆地周邊的丘陵坡地，如新店、木柵、北投等地。在這般整齊壯觀的住宅群背後，潛藏的卻是對坡地生態的衝擊及大自然反撲的巨大危機。

飛在空中，目睹這樣的現象，特別感到觸目驚心。

綠野山坡社區　台5號省道　中山高速公路　　　　內湖垃圾焚化廠
基隆河　　宏國建設大廈群　南港軟體工業園區　　　南港山
　　　　　　　　　　基河快速道路
汐止　　　　　　　　　　　　　　南港
　　　　　　　　內湖
　　　　　　　　康寧護校

# 汐止·內湖

## 鑿山造地的新城鎮

位在台北盆地東側、基隆河中下游的汐止和內湖，曾是歷史上重要的農、礦城鎮。近年來，在都會開發飽和的影響下，由於鄰近台北都會區，加上依山臨水，擁有優質的住宅條件，因此成為晚近房地產開發的重點區域。

但是，因為缺乏控制，大規模開山造鎮、與大自然抗衡的結果，也帶來了嚴重的水土保持和生態問題，發人深省。

▼汐止位於基隆河岸，鐵、公路交通發達；近年來，房地產開發和水患問題十分嚴重。

①汐止貨櫃車聯絡道 ②縱貫線鐵路 ③新台五路 ④馥記山莊 ⑤首馥社區 ⑥大尖山 ⑦基隆河　　　1998/08

## 潮汐往返之地：汐止

橫跨基隆河南、北兩岸的汐止鎮，全境有 1/3 的河階地和 2/3 的丘陵山地。地勢低平的河階地，因水源充沛、適合農作，很早即有漢人聚集墾殖。

**地名三部曲**：峰仔峙、水返腳、汐止，是汐止地名變遷的三部曲。峰仔峙，源於此處本是平埔族「峰仔峙社」的所在。水返腳，則是漢人移入後所取的名字，意即淡水河口滿潮時，潮水會溯基隆河而上，一直到此而返的意思。日治時期，改名為汐止，汐也是指潮水。由地名不難看出汐止與基隆河之間密切難分的關係。

**茶、煤重鎮**：大約在清乾隆中葉以後，漢人由八堵一帶沿基隆河而下，來到

## 台北的山坡地開發

台北盆地四周大多數坡度陡峭的山坡地，都畫為保護區，不得作任何開發；只有山邊坡度較緩處，才畫為可輕度開發的住宅區。然而，由於管制不當，實際發展的結果，卻往往看到規模龐大、動輒千戶以上的大型社區或十數層以上的高樓大廈。這些建築與青山綠野形成極不協調的特殊景象。從汐止、內湖、新店與木柵等地的空照圖，最能看出山坡地鑿建社區的驚人情況。

**汐止**：右方照片是汐止大尖山下的馥記山莊和首馥社區，這些看來猶如玩具積木般的建築，便是鑿山造地的典型例子。由山形可以看出，此處原本是一個凸出的山陵，兩側有山溝。為了整出可用的平地，首先要砍除山頭、挖去坡土，進而打造數十公尺高的擋土牆。在新整出的土地中，坡度較平緩處開闢為佔地面積較多的低層住宅，一棟棟緊沿著等高線分布；由照片中一排排建築物間的高度差，可以看出地形的陡峭程度。若干坡度較陡處，不但沒有放棄，甚至興建為更高層的住宅。

▲汐止馥記山莊
與首馥社區 (1977/11)　　　▶新店大台北華城 (1996/07)

①白鷺鷥山 ②台北汽車駕訓中心 ③大湖公園 ④成功路 ⑤宏國綠大地 ⑥金龍路 ⑦觀音山　　　　1994/07

## 湖光山色好處所：內湖

內湖的東、西、北三面丘陵環繞，南面瀕臨基隆河；由於區內有許多稱為「湖」的小盆地地形，因此而得名。大約18世紀中葉，內湖一帶即有漢人入墾。早期居民主要靠基隆河上的渡船與南港、汐止、大龍峒等地交通往來；日治時期開闢現今的內湖路、北安路，才有道路與台北市相連，1968年正式併入台北市的轄區。

**湖光山水居**：今天，內湖地區還有兩處著名的湖泊，一是成功路旁的「大湖」，一是內湖路附近的「內湖大陂」。兩處都已配合周邊的山林規畫成公園，是內湖地區十分重要的休閒空間。

左方照片就是大湖公園附近的青山綠水美景。大湖原稱「十四分陂」，公園開闢後才改成今名；大湖南側林木翁鬱的白鷺鷥山上，常見白鷺鷥成群棲息，由湖畔有登山步道通達，共同形成一片廣達50餘公頃的幽美公園景觀。

由於難得的湖光山色，所以兩處湖邊的土地陸續闢建多處湖濱山莊、大廈，使得內湖逐漸在台北地區建立起高級居所的意象。不過，從照片中可以看出，內湖的湖邊山坡地也難逃被大量開鑿的命運。

汐止的河階地開圳成田，農業聚落日漸增多。當時的汐止街，因地處台北到基隆、宜蘭間的交通要道上，且是汐止地區各個聚落的中心點，因而發展成商販集聚、店舖林立的小街市。

淡水開港後，茶葉成為出口大宗，汐止周圍的丘陵山地遍植茶樹，汐止也從一個小街市，轉變成粗製茶的產銷中心。光緒年間，基隆、台北間的鐵路開通，位於中間站的汐止，商業機能更加發達。日治時期，受到工業發展的影響，台灣對煤的需求大增，當時汐止的丘陵

▲大湖公園的綠湖山野景致，使內湖成為台北高級住宅區之一，但大規模的山坡地開發卻潛藏著更大的危機。

山區也是煤的重要產區，最高年產量曾經達到25萬公噸。

**與山爭地**：1980年代中期以後，隨著大台北地區的快速擴展，汐止的山坡地成為大型社區開發的目標，水土保持問題也跟著亮起紅燈。一處處危險的坡地開發，彷彿是埋置於盆地邊緣的不定時炸彈：1996年賀伯颱風造成汐止林肯大郡崩塌，1998年瑞伯颱風造成汐止半數地區淹水，正是大地反撲的警訊。

在地面上近觀，一棟棟看來豪華堅固的建築或許真能讓人感到壯觀；但從高空上看，在原本陡峭的山頭開闢出居住數千人的密集社區，這樣與大自然爭奪土地的行動，卻顯得十分脆弱而令人擔心。現代人移居山邊的浪漫，其實正是危險的代名詞。

**新店**：新店的開山造地更是叫人瞠目結舌；光是安坑一帶便集中興築了無數大規模的山坡社區，如左方照片中的大台北華城、台北小城，以及玫瑰中國城、綠野香坡等；其中最著名的應屬大台北華城。位於標高約200至600公尺的山坡地上，大

▶景美、木柵一帶的山坡地建築（1998/02）

台北華城總面積廣達526公頃。一如空照圖中所見，原本碧綠的山野正被大批密集壯觀的建築一寸寸蠶食，甚至露出了光禿的山頭，對生態造成極嚴重的衝擊；加上此地位於水源保護特定區內，水土破壞對水庫的影響亦令人憂心。

◀新店台北小城（1996/08）

# 雙溪沿岸

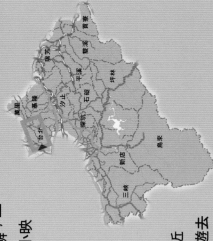

飛到雙溪山區的上空，從「故宮博物院」附近眺覽，畫面中央有一灣清溪，自綠色山群緩緩流來，一派悠閒自然的情調，真難以想像這是在大台北都會近郊。

雙溪是台北市最具休閒性格的溪流，從空中眺望，附近的地理形勢一覽無遺。溪旁可見通往士林的主要交通動線——至善路。雙溪兩側鬱綠的山脈，分別是大屯火山群和五指山。五指山稜線的盡頭處隱約可見「國軍示範公墓」；遠透的右後方，還有尖凸的地標「基隆山」。

往溪岸兩旁看，左側緩坡上仍保留幾分山間農舍聚落的味道；而右下方沿著稜線上行的柏油路路面，就是赫赫有名的「仰德大道」——大道兩側一向庭院深深、充滿神祕色彩

的別墅群，由空中俯瞰卻一一清晰可辨，一戶戶包圍在樹林中的別墅，由或大或小映著天光的湛藍泳池洩露了特殊的建築形態。

雙溪與其東北邊的瑪鍊溪所形成的溪谷，是大屯火山群（見84頁）與五指山山脈的分界，也是地質上火成岩和沈積岩的分野。而雙溪沿岸，近年來更發展出多處頗負盛名的文教旅遊去處，值得一探究竟。

基隆山

國軍示範公墓

協和火力發電廠

五指山

中央社區

內雙溪水庫

明德樂園

內雙溪

外雙溪

雙溪

聖耶穌舍

至善路

至善國中

順益台灣原住民博物館

至善天下

青青農場

衛理女中

林語堂紀念圖書館

故宮博物院

仰德大道

公館里

平等里

大屯火山群

# 台北北郊的桃花源

發源於大屯火山群東南側的雙溪，是台北北郊重要的溪流；雙溪和瑪鋉溪溪谷共同形成了大屯火山群和五指山山脈的分界線。

整個雙溪沿岸以「外雙溪橋」為界，分成內、外：橋以下地區稱為「外雙溪」，橋以上則屬「內雙溪」。今天內、外雙溪地區，不僅擁有天然的溪谷山巒景致，更有遠近馳名的文化旅遊景點，是頗受台北市民喜愛的一處市郊桃花源。

以下配合外雙溪、內雙溪和五指山山脈一帶的空照圖，來對雙溪沿岸和五指山作一番巡禮。

①大屯火山群 ②萬溪產業道路 ③五指山山脈 ④平等里
⑧明德樂園 ⑨菁礐溪 ⑩中央社區

## 文化藝術重鎮：外雙溪

下方照片涵蓋了外雙溪一帶的精華區域，畫面中可見蜿蜒流過的雙溪和本區主要的交通動線——至善路。外雙溪最為人所熟知的，要算是典藏大量珍貴中國文物的「故宮博物院」；而張大千的「摩耶精舍」以及民間籌建的「順益台灣原住民博物館」，也都在故宮對面不遠處，共同形成極具深度的博物館群。此外，還有至善園、中影文化城、雙溪公園以及青青農場等著名休閒地點，使外雙溪成為台北市郊內涵豐富的文化旅遊區。

**故宮博物院**：落成於1965年的故宮博物院，是國內首屈一指的藝術文物重鎮，也是帶動內、外雙溪發展的重要角色。由於典藏大量當年國民政府遷台時，由北京故宮博物院運出的國寶文物精品，因此，每年都吸引無數海內、外人士前往參觀。

整座博物院依山建築，館舍造型仿北京故宮博物院，採中軸對稱的配置方式，氣勢十分雄偉，頗能在早期的政治氣氛中發揮象徵的作用。近年來，更在院旁興闢了佔地7,000餘坪的園林——至善園；園中規畫了蘭亭、松風閣、曲水流觴等八大勝景，充分展現中國庭園之美，不僅提供一處精緻的旅遊景點，更強化了故宮博物院的角色。

## 田野休閒空間：內雙溪

上方照片呈現的是內雙溪一帶的聚落分布及完整的山形地勢。畫面上，雙溪由群峰中穿流而出，左側有支流菁礐溪來會，平台上的平等里一帶，是本區的主要聚落所在。雙溪左邊有大屯火山群，右邊有五指山山脈，山間隱約可見細白的萬溪產業道路，翻越峻嶺，連接內雙溪地區與萬里間的交通。

由畫面所見的山川狀態，不難體會內雙溪地區在現代各種產業道路修築以前，和北海岸、台北盆地間是如何山巒阻隔、交通不便。當時只能依賴唯一的聯外河流——雙溪，與士林相通。因此，整個雙溪地區，在歷史發展上一直與士林密切相關。

**平等里**：平等里舊名「坪頂」，因位在菁礐溪附近的山頭小平台上而得名。據傳大約在清乾隆後期，就有漳州籍的漢人入墾。從空中清楚看到，平等里一帶雖為坡地，但由於坡面向南，日照充足，又居東北季風之背，加上平台地形坡度平緩，具備了優良農地的條件。因此，陸續被開闢成梯田式的菜圃、花圃，以及松樹、茶樹、杜鵑花、柑橘等育

①中影文化城 ②雙溪公園 ③芝山岩 ④至善路 ⑤青青農場 ⑥至善天下 ⑦故宮博物院
⑧至善園 ⑨雙溪 ⑩順益台灣原住民博物館 ⑪衛理女中 ⑫摩耶精舍
1996/08

◀雙溪下游地區稱為「外雙溪」，是台北近郊著名的文化旅遊勝地，擁有多座內容豐富的博物館。

⑤儡人瀑布　⑥士林觀光果園　⑦雙溪

1996/08

▲雙溪上游一帶稱為「內雙溪」，潺潺溪澗由群峰中穿流而過，展現出怡人的山林美景。左側山坡上的平等里是本地主要的聚落。

## 雙溪的形成

雙溪是兩種不同地質的分界河，一邊是數千萬年來堆積成的五指山山脈的沈積岩層，一邊則是200多萬年前開始噴發的大屯火山群火成岩層。兩種不同地層交會處，造就出今天的雙溪溪谷，以下配合左方空照圖和下方說明圖來看看雙溪的身世。

①堆積水平岩層：約6,500至600萬年前，台灣附近一帶的海底大陸棚，堆積著水平的沈積岩層。

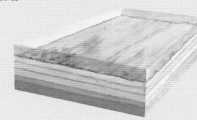

③大屯火山群噴發：大約280至20萬年前，五指山山脈北面陸續展開大規模的火山噴發，形成現今的大屯火山群。

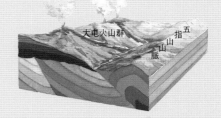

②形成五指山山脈：大約在600至500萬年前，由於板塊的擠壓作用，在現今五指山山脈北坡，產生了一條大斷層，將沈積岩層擠出地表，形成今天五指山一帶的山脈。

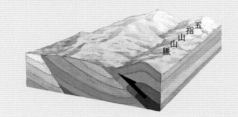

④雙溪溪谷成形：五指山山脈和大屯火山群分別匯集了雨水、地下水，並在兩個山區之間匯流成雙溪溪谷，雙溪溪谷因此成為火成岩和沈積岩的分界線。

苗圃。近年來，在政府的輔導下更開設了多處市民農場、花卉農場以及草莓示範農場等，成為台北市民親近、體驗自然的絕佳地點。

　　**田園休閒好去處**：今天的內雙溪地區，以天然的山野溪谷風光，配合精緻蔬果農場的經營，已發展成台北難得一見的田園休閒空間。區內有多處民間或政府規畫的休閒遊樂場，如儡人瀑布、聖人瀑布、明德樂園，以及平等里附近的觀光果園、花卉農場等。沿著雙溪溪谷更分布許多魚池、餐廳、釣蝦場……每逢假日，人車擁擠，熱鬧非凡。

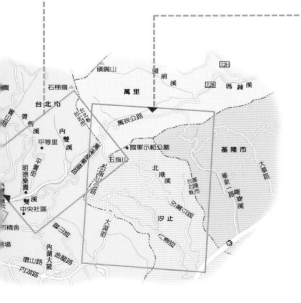

①汐止　②南港　③基隆河　④國軍示範公墓　⑤瑪鍊溪　⑥萬崁公路　⑦五指山山脈

1996/07

▲壯觀的單面山——五指山山脈，屬於數千萬年前的古老沈積岩層；目前是台北極受歡迎的郊山。

## 老岩層山脈：五指山

　　雙溪的東北方有一條流向萬里出海的瑪鍊溪（見左側地圖），這兩條溪的溪谷共同形成了地質上的重要分界線。溪谷北側是大屯火山群的火成岩層，南側是五指山一帶的沈積岩層。

　　上方的照片是由瑪鍊溪河谷上空，往南望向基隆河谷的汐止、南港一帶。照片上可見稜脈分明的五指山山脈從中橫亙而過，山頂上的「國軍示範公墓」十分顯眼。

　　五指山在地質上是屬於數千萬年前的古老沈積岩層，因板塊擠壓、斷層通過等因素，而被擠出地表；加上大自然長期侵蝕的結果，使得山脈呈現一面陡峭、一面緩斜的「單面山」型態，十分壯觀。今天的五指山因為高度適中，展望極佳，早已成為台北居民假日最常攀登的郊山之一。

林口台地
八里
觀音山

富貴角
麟山鼻
石門鄉
三芝鄉
大屯火山群
淡海新市鎮
淡水鎮
淡水河
八里鄉
觀音山
關渡
社子島
石牌
基隆河
天母
士林
蘆洲鄉
五股鄉
重
疏洪道
大稻埕
林口鄉
泰山鄉
三重市
萬華
龜山鄉
新莊市
塔寮坑溪
新店溪
古亭
公館
景美
木柵
坑子溪
蘆竹
樹林鎮
板橋市
中和市
永和市
新店市
新店市
土城市
新店溪
鶯歌鎮
三峽鎮
烏來鄉

金山岬
野柳岬
金山鄉
萬里鄉
瑪鍊溪

淡水河
挖子尾
八里污水處理廠
渡船頭
八里
八仙樂園
觀音山
八里
105
紅水仙溪
林口
108
五股坑溪
五股
林口溪
106
林口交流道
林口
107
五股
長庚紀念醫院
泰山
南崁溪
中正體育學院
泰山
105
新莊
鶯歌
坪林鄉

和
八斗子
瑞芳鎮
基隆河
鹽寮
卯澳
三貂角

**A**

觀音山　　　　　　　　　見200頁

**B**

八里　　　　　　　　　見204頁

**C**

林口台地　　　　　　　見208頁

197

# 觀音山‧八里‧林口台地的特色

淡水河口以南、台北盆地西側的地表，主要包含觀音山、八里平原和林口台地等幾個地區。

這幾個地區，早期是林口沖積扇的範圍，後來分別經歷猛烈的火山爆發、河川的泥砂堆積及斷層滑落等大自然力量的洗禮，形成今天截然不同的地形景觀：一座壯麗的錐狀火山、一片海岸沖積平原和一塊紅土高地。

雖然地理位置相連，但觀音山、八里平原和林口台地，卻各自鋪展出不一樣的歷史故事和城鎮風貌。

## 錐狀火山：觀音山

靜臥淡水河畔、與大屯火山群隔河相望的觀音山，是數十萬年前岩漿噴發形成的一座標準錐狀火山。

觀音山素來以「風景」和「風水」聞名：早在日治時期即是國家公園的一部分，現在則有專屬的「觀音山風景區管理所」進行風景區的規畫開發。山坡上莊嚴的寺廟、壯觀的墓葬場面，使得觀音山成爲台北人安頓宗教心靈與往生世界的山峰。

觀音山以風水和風景著稱（1996/07）

從社子島看觀音山俊秀的山姿　　　　　　1995/06

---

## 觀音山‧八里‧林口台地的形成

①堆積林口沖積扇：約100萬年前，台北東側是一片高低起伏的丘陵。古新店溪由東往西流，在今天林口一帶出海，從上游雪山山脈帶來的泥砂與礫石，在林口附近堆積成「林口沖積扇」。

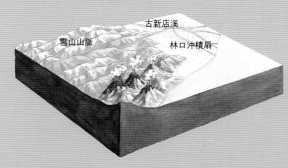

②觀音火山噴發：60萬年前左右，北部的大屯火山群已陸續形成。此時，觀音山開始陸續噴發，到了約20萬年前，觀音山最後一次大規模的噴發後，在林口沖積扇的北端，堆疊出今天秀偉的山姿。

③形成林口台地：約50萬年前，造山運動停止後，地殼產生張裂力量，在今天新莊、五股一帶形成斷層。斷層東側陷落爲台北盆地，西側的林口沖積扇相對抬高成林口台地。

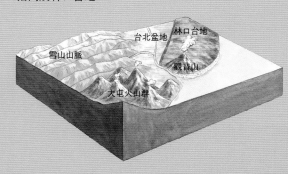

④堆積八里平原：淡水河帶來的大量泥砂，日積月累堆積在觀音山北側的出海口附近，加上海浪和潮汐作用的影響，在今天的八里一帶，形成一大片海岸沖積平原。

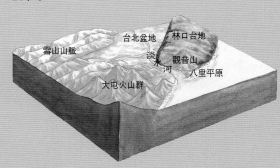

觀音山‧八里‧林口台地的特色

## 海岸沖積平原：八里

環繞觀音山東北和西北兩側的八里平原，是由淡水河泥砂長期沖積而成的海岸平原。

這裡是重要的「十三行遺址」發現地，也是淡水河出海口最早開發的聚落之一。18世紀時，「八里坌」曾是位居北台灣關鍵地位的政軍中心，後來因河運衰退、港口淤塞等因素而沒落。如今成為台北都會邊緣的小鄉鎮，近年來隨著休閒產業的發展，而有遊樂區和景觀住宅的開發。

八里污水處理廠一帶是「十三行遺址」所在
1998/07

八里西北側海岸的八仙樂園附近　　1994/07

八里東北側海岸的渡船頭是聚落的起源地　　1997/07

林口台地上的中正體育學院和高爾夫球場　　1995/07

## 紅土高地：林口台地

在台灣島上一連串台地中，位於最北端的林口台地，是50餘萬年前因斷層陷落而相對抬高形成的。

漢人對林口台地的開墾，大約始於清乾隆年間。因台地地勢開闊、毫無屏蔽，強風可以長驅直入，聚落因此多集中在可避風的斷層崖下，南北往來的交通也大多循周圍溪谷而上。由於紅土台地的特殊地形條件，自古以來，林口的產業活動主要集中在茶葉、稻米以及製磚業上。

1970年代，「林口新市鎮」被選為台灣第一個新市鎮的規畫地，因此有大專院校、大型醫院的設立。此外，在茶園沒落後，大型遊樂區及高爾夫球場也如雨後春筍般興起。

從新莊附近望向林口台地，明顯看到高起的台地地形。　　1996/08

從空中鳥瞰，可見一條條道路和聚落沿著台地崖邊的溪谷開闢。（1999/05）

# 觀音山

　　觀音山凹凸有致的特殊形影，在空中看來，更加的清晰可辨。

　　這趟空中散步，即是從這座名山啓航，經過八里，繞向林口台地，對大台北的西北側地域瀏覽一番。

　　矗立在淡水河畔的觀音山，獨立高聳，是台北盆地相當醒目的地標，也是深印在台北居民腦海中的代表地景。假日爬觀音山、上硬漢嶺，可說是相當普遍、受歡迎的休閒行程；每到清明節，各地民眾從四面八方湧來，群集山上，探訪長眠觀音胸懷的親人，清理墳塚、拜掃祭祀。觀音山的景與情，與大台北居民生命體驗是深刻相連的。

　　由淡水河上空鳥瞰，觀音山的柔美秀麗真是令人讚嘆流連。連綿起伏的山峰，勾勒出凹凸多變的天際線；事實上，無論從哪個方向、無論遠眺或近觀，觀音山在在展露出綽約動人的萬種風情（見內頁）。

　　這般媚力引人的山姿，實在叫人難以想像，它和對岸的大屯火山群一樣，竟是在數十萬年前威猛爆發而成的火山哩！

　　如今觀音山、大屯火山群靜立不語，淡水河悠然長流，山與河相互映照，處處可眺望風光獨特的絕景，深受人們鍾愛。難怪在山腳下、河兩岸，會冒出越來越多的建築了。

八里鄉第四公墓　　　　　觀音寶塔
　　　　　　　　　　　　　觀音山

河畔新都　　　　　陽光海岸　　　　　　聖心別墅
　　　　　無極鎮天宮　　　　　　　　米倉國小
　　　　淡水河　　　　烏山頭路
　　　　　　　　　　（台15號省道）

# 觀音山

## 淡水河口的靈秀山岳

觀音山因山形酷似靜臥的觀音而得名，是北台灣名氣響亮的靈秀山岳。60萬年前驚天動地的火山爆發，揭開觀音山形成的序幕，外形看來如此柔美婉約的觀音山，竟是由滾滾岩漿堆積而成的火山呢！

今天的觀音山不僅是台北的自然地標，更是名聞遐邇的旅遊與宗教聖地。對於居住在台北的人來說，這座內蘊豐美的山岳，正如觀音般恆久庇佑著台北這片好山好水。

### 峻秀肥沃的火山

觀音山，聳立於淡水河口，山水交映，景致天成。除峻美的火山形體外，火山噴出的岩漿，更冷凝成優質堅美的觀音山石。

**錐狀火山**：觀音山是一座典型的錐狀火山，前後歷經3次噴發而堆疊出今天的連綿山峰。由於爆發原因和大屯火山群相同，有些地質學家認為觀音山應屬於大屯火山群中的一座；不過觀音山卻沒有大屯火山群的溫泉、硫氣孔等殘餘地熱活動。

**觀音山石**：觀音山噴發的岩漿冷卻凝固後形成的安山岩，又稱「觀音山石」。因結晶細小、質地緻密，是非常優良的石材，深受各地廟宇神殿雕刻者所喜愛，也是墓塚碑石的最佳選擇。日治時期，西雲寺至凌雲禪寺約5公里的路程上，每隔50公尺放置1尊石雕觀音像，全程共108尊；可惜後來多遭偷竊或破壞，目前僅存4、5尊。

### 風水・旅遊・宗教聖地

靈山秀水的優越條件，造就觀音山成為大台北地區集風水寶地、旅遊名勝及宗教聖地於一身的著名山岳。

**風水與觀光勝地**：從遍布山麓的廣大墓塚陵園，可以看出觀音山的確是台北人心目中十分理想的風水寶地。此外，早在日治時期1937年，觀音山就與大屯火山同被列為國立公園。戰後，政府成立具有自然公園與山岳遊憩區特性的「觀音山風景區管理所」，規畫了多條熱門的觀光路線。觀音山主峰硬漢嶺，海拔612公尺，有石階直達山頂。登頂後，可清楚眺覽淡水河口、社子島及群山環抱的台北盆地……美不勝收。

**宗教名山**：觀音山擁有兩座歷史悠久的寺廟——凌雲禪寺和西雲寺。兩寺都供奉觀世音菩薩，其中西雲寺是台灣四大佛教聖地之一，目前被列為國家三級古蹟。凌雲禪寺則是一座具備傳統叢林格局的巍峨廟宇，終年香客不絕。

①大屯火山群 ②竹圍 ③硬漢嶺 ④關渡大橋 ⑤關渡 ⑥基隆河 ⑦社子島 ⑧淡水河 ⑨台北市區　　1994/07

▲觀音山是一座標準的錐狀火山；登上山頂的硬漢嶺，可以清楚俯瞰整個台北盆地。

### 觀音山之美

從空中俯瞰，更能領會觀音山千變萬化的獨特姿容；在不同地點，以不同角度、不同高度覽賞，觀音山分別展現出或柔媚、或峻偉、或莊嚴的萬種風情，在在令人讚歎不已。

下面空照圖，以觀音山為中心，分別從四面八方的淡水、三重、五股、林口台地、八里等地，細細來品味觀音山之美。

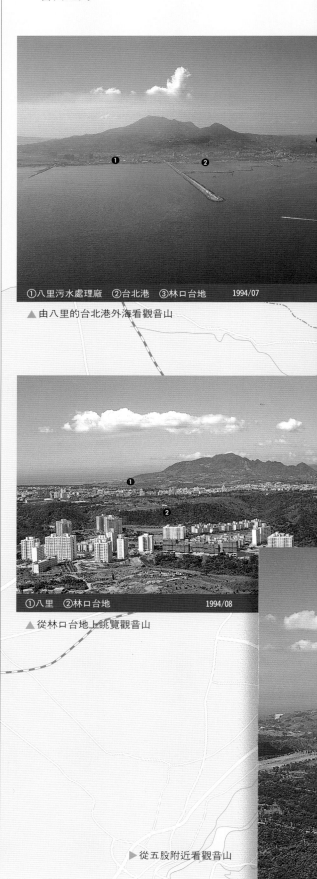

①八里污水處理廠 ②台北港 ③林口台地　　1994/07

▲由八里的台北港外海看觀音山

①八里 ②林口台地　　1994/08

▲從林口台地上眺覽觀音山

▶從五股附近看觀音山

①淡水　②淡水河　③沙崙海水浴場　　　　1994/08

▲從沙崙海水浴場附近遠眺觀音山

①淡江大學　②捷運淡水站　③淡水河　　　1995/07

▲從淡江大學上空看觀音山

①雙溪　②洲美　③基隆河　④社子島　⑤淡水河　　　1999/05

◀從洲美和社子島附近看觀音山

①淡水河　②重陽橋　③三重　④林口台地　⑤關渡　⑥社子島　　　1992/07

▲從重陽橋附近看觀音山

①八里　②五股　　　　1994/07

# 八里

繞著觀音山飛，眼前同時呈現河流的娟秀與大海的雄闊，配合觀音山的獨立身姿，真是奇特景觀。

這是淡水河注入大海處，畫面主要由觀音山和八里平原所構成，筆直的台15號省道從兩者之間穿越而過。人類在此居住、活動的時間，已有 6,000 至 7,000 年以上的歷史，近年來發現不少重要的史前文化遺址。近代以來，八里鄉的主要聚落也都集中在這裡。

目前所見，是日漸增加的高樓大廈、工廠與大型污水處理廠，只有「挖子尾」深綠色地帶是紅樹林自然保留區，也是台北地區學童最佳的河口自然教室。

後側觀音山麓上有許多階地，長久以來即是台北都會區最主要的墓葬用地，畫面上可以看到場面十分壯觀的墓葬景觀。數十年前，由台北搭北淡線火車至淡水，再轉搭渡船至八里，上觀音山掃墓，獨特的旅程是許多台北人深刻的集體記憶。

畫面左方的海岸新都附近，大約是過去八里坌聚落一帶。八里坌曾在18世紀扮演過北台灣交通、行政、軍事中心的歷史角色。洗盡鉛華之後，依山傍水的優美環境反倒成為住宅區的新大陸。

再望向山後遠方，可一直眺望到台北盆地內繁華的都會景觀。只有在這樣的角度，才能體會原來這個大都會離大海是如此的近！

關渡大橋　　　　　　　觀音山
台北市區
淡水河
　　　　　　　　　　　　　　台15號省道
海岸新都
　　　　大坌腳
挖子尾
　　　　　　　　　　　八里污水處理廠
　　　　　　　埤子頭
挖子尾自然保留區

# 觀音山下的河港

　　由淡水河泥砂沖積而成的八里海岸平原，曾是北台灣最重要的政軍中心和全台三大水運要港之一。今天的八里，除擁有珍貴的「十三行遺址」和「挖子尾自然保留區」外，規模龐大的台北港、污水處理廠和一棟棟臨水景觀大廈，正逐步在改變八里的面貌。

## 八里沖積平原的形成

　　今天環繞在觀音山東北和西北兩側的八里，是由淡水河攜帶下來的泥砂沖積而成的海岸平原，下面就是形成的過程——

　　①淡水河泥砂堆積：淡水河從上游帶來大量泥砂，流到河口後，沿著海岸堆積成一個小砂灘。

　　②形成沖積平原：淡水河不斷帶來泥砂，使得河口小砂灘愈堆愈大，逐漸形成一片帶狀的八里沖積平原。

　　③形成砂嘴：因沿岸流與潮汐的影響，八里沖積平原部分泥砂向河口堆積，伸展成砂嘴。同時，在砂嘴與沖積平原之間出現半封閉的挖子尾小灣，成為適合紅樹林生長的半淡半鹹沼澤環境。

▲八里是淡水河泥砂沖積而成的海岸平原

## 叱吒風雲的八里坌港

　　下方照片是八里東北側海岸的渡船頭一帶，也就是歷史上「八里坌」老聚落的所在。17世紀以來，八里坌即以水運要港的地位而興起，也因水運機能的喪失而衰微。

　　**政軍中心與官定口岸**：18世紀初，清廷在八里坌設海防及行政機關，八里坌因此成為北台灣的政治、軍事中心。直到乾隆年間，台北盆地內的新莊、艋舺興起後，八里坌的重要性才降低。

　　乾隆53（1788）年，八里坌與鹿港、鹿耳門同被指定為全台三大官定口岸，一時桅帆雲集、街市又繁榮起來，是北台灣的河運要港。後因漂砂堵塞港灣，加上大風雨沖毀市街港口，居民多逃到對岸的滬尾。19世紀下半，八里坌的港口機能實際上已轉移到對岸的滬尾了。

　　**八里新風貌**：喪失港口功能後，八里坌轉型成以農耕漁撈為主的聚落，發展重心也由渡船頭附近的八里坌街仔擴散到西北側海岸的埤子頭、下罟子一帶。

　　近年來，八里成為台北大都會的邊緣發展區。背山、臨河、濱海的特殊自然條件，吸引大量建商進入，紛紛蓋起兼具居住與休閒功能的大樓；再加上台北港和污水處理廠的興建，帶來新的建設契機。然而，八里原有的清山秀水及自然生態卻也逐漸在消失、改變中。

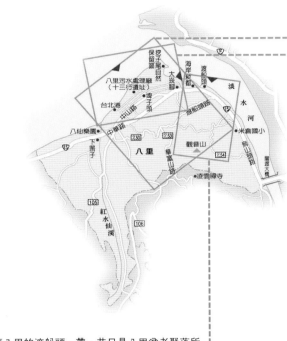

▼八里的渡船頭一帶，昔日是八里坌老聚落所在，也是台北盆地的重要吞吐港。

①淡水河　②台15號省道　③天后宮　④渡船頭碼頭　⑤海岸新都　⑥觀音山　　　　1996/07

①淡水河 ②挖子尾 ③渡船頭 ④大崁腳 ⑤埤子頭 ⑥八里污水處理廠（十三行遺址） ⑦台北港 ⑧觀音山　1996/07

▲興建中的「台北港」大堤猶如海上巨牆般橫伸入海，其左方的「八里污水處理廠」附近，就是十三行遺址所在。

## 挖子尾自然保留區

下方照片呈現出八里東北側海岸的挖子尾附近景觀。「挖子尾」是指位於淡水河口的砂嘴和八里沖積平原之間，一片向內凹彎的沼澤地。「挖子」意爲彎曲的地形，「挖子尾」就是彎曲地形的尾端。

由於挖子尾所在地正是河水與海水的交界處，半淡半鹹的環境，構成了豐富多樣的濕地生態，因此這裡擁有廣闊的水筆仔純林、族群龐大的招潮蟹、彈塗魚、玉黍螺……以及磯鷸、青足鷸、東方環頸鴴等水鳥，儼然是一個濕地生物的樂園。目前台北縣政府已將挖子尾列爲自然保留區，加以保護。

▼「挖子尾自然保留區」擁有極珍貴的濕地生態

①淡水河 ②台15號省道 ③中山路 ④台北港 ⑤八里污水處理廠 ⑥挖子尾自然保留區　1997/08

## 十三行遺址

左方照片由海面上空，望向八里西北側海岸的「台北港」和「八里污水處理廠」附近，這裡正是備受考古界重視的「十三行文化遺址」所在。

**十三行文化遺址：**八里是北台灣地區極重要的史前遺址分布地。日治時期以來的考古學家，在八里海岸沖積平原及觀音山麓，至少發現了15處史前遺址。

這些遺址涵蓋的時間與文化類型非常廣泛豐富，從7,000年前的「大坌坑文化」到始於1,800年前的「十三行文化」都有。其中，位在今天八里污水處理廠附近的十三行遺址，不僅出土的鐵器證實當時的先民已由石器時代進入鐵器時代，其後來的搶救挖掘行動，更發展爲社會運動。

**十三行事件：**1957年，當時台灣大學地質系教授林朝棨在一次會勘「鐵礦床」的行程中，意外發現了十三行遺址。此一遺址的發現與研究，充分說明了台灣史前文化中金屬器文化的出現，以及十三行文化人是台灣地區最重要的採礦祖先。

1988年，考古學者爲進行研究計畫，選擇十三行遺址作爲發掘重點。在發掘過程中得知，該遺址已被規畫爲八里污水處理廠用地。由於該廠的施工範圍將完全涵蓋遺址，眼見一個重要的遺址即將遭到全面性的毀滅；於是，考古學者在文化界及輿論的強力聲援中，展開了十三行遺址的保護與搶救工作。

從1989年10月到1992年7月全面進行田野工作，這整個過程，稱爲「十三行事件」，可說是一次廣泛且影響深遠的社會運動。

目前，十三行遺址已被指定爲國家二級古蹟，政府並預定在污水處理廠西南側興建「十三行博物館」，展列豐富的出土遺物。

# 林口台地

從新莊上空往西北方向望去，令人迷惑的奇特景觀呈現眼前——

前方是群聚密集的高樓屋宇，倚在其後的是一道道綠色小山丘橫亙而立；而在山丘上，有如海市蜃樓般，又浮現一座座更高、更醒目的樓群！

建築與山丘的相互層疊並置，錯亂了平日習見的空間感，這正是林口台地最令人驚異莫名的特殊性格了。在高空看來，特別能明顯的感受。

畫面中，近景下半部主要是台北盆地邊緣的新莊，上半部則是林口台地。僅僅一丘之隔，林口和新莊卻各自位在完全不同的地理區位上。

這塊宛如覆盆狀的台地，有著極為特異的身世，與台北盆地的形成息息相關。台地上獨特的紅土層，曾經造就了茶業與磚業的勃興；另一方面，由於地理位置特殊，正位在新竹、桃園通往台北的交通要衝，因此自古就是南來北往商旅歇腳的驛站。從空中可以看見，一條條道路沿著台地邊緣的縱谷順勢蜿蜒而去。

1970年代以來，「林口新市鎮」的規畫與長庚醫療體系的開辦，都直接間接的帶動了林口台地產業、建築的開發；由空中俯瞰，一波波拔地而起的新穎大樓，正一步步在台地上擴展開來。

長庚紀念醫院
龜山　林口
長庚大學
青山路　丹鳳國小
林口啟智學校
丹鳳國中　中山路
新莊
樹林
三俊街　萬安公園

# 大台北的紅土高地

台北盆地西側有一塊廣袤的紅土高地——林口台地。

台地上的「林口鄉」自古以產茶聞名，並且是新竹到台北之間交通往來的驛站；位在台地中央的「林口新市鎮」，是台灣都市開發史上第一個官方規畫的新市鎮。當台北盆地的開發達到飽和時，林口台地便成為都會區向外擴展的極佳土地資源。

①中正體育學院 ②明志技術學院 ③南亞塑膠廠 ④長庚紀念醫院

▲左右兩張併排的空照圖，是從泰山附近上空眺覽林口台地，可以明顯看出橘黃色虛線所標示的「山腳斷層」斷層崖。

## 覆盆狀的紅土高地

林口台地是一塊高約 250 公尺的平廣高地；在行政區畫上，橫跨了台北縣的八里、林口、五股、泰山及桃園縣的龜山、蘆竹等鄉鎮，其中只有林口鄉完整的位在台地上，是主要的市鎮所在。

**台地地形**：數十萬年前由於「山腳斷層」滑落，造成今天一高一低的林口台地和台北盆地。右上方兩張空照圖中，前景的台北盆地與後方高起的林口台地之間，可清楚看到一條落差明顯的「山腳斷層」（圖上橘黃色虛線）斷層崖斜坡，一路從觀音山麓附近，延伸到泰山地區，明顯的分隔出低陷的台北盆地和宛如覆盆狀的林口台地兩種不同地形。

**礫石與紅土**：台北盆地陷落之前，林口一帶原是古新店溪的出海口，古新店溪沖刷下來的礫石，大量堆積在此，所以今天在林口台地上還常可見到渾圓光滑的礫石，成為地質上的最佳見證。此外，林口台地相對抬高後，由於排水良好，加上長期曝曬和連續風化作用，土壤中的鐵、鋁元素紛紛氧化成紅色的氧化鐵和氧化鋁，造成今天林口台地上獨特醒目的紅土層景觀。

## 交通・茶產要地：林口鄉

今天隸屬台北縣的林口鄉，是林口台地上的主要城鎮。由於這一帶昔日是茂密的森林，林口正好位在森林入口處，因此舊名叫「樹林口」，日治時期才改稱「林口」。

**交通要衝**：清朝時，林口因位居竹塹（今新竹）到八里坌（今八里）的南北縱貫道路要衝，往來的商旅大多在此休息補給，因而發展出街市，成為重要聚落所在。直到今天，林口仍以發達的道路系統連通周邊的新莊、五股、龜山、八里等鄉鎮；而中山高速公路林口交流道，更提供了最便捷的聯繫管道。

**茶米之鄉**：林口過去的土地利用以農業為主，是一處茶葉飄香、稻浪翻飛的田野農村；其中稻米大多栽植於溪流谷地，茶樹則種在廣平的台地上。由於台地紅土層排水條件良好，加上氣候溫和多霧，比較適合茶樹的生長，因此茶園十分密集。其中，尤以「包種茶」享有盛名。此外，紅土也是製磚的好材料，1960 年代左右，林口地區的製磚業曾經盛極一時。

▶山腳斷層滑落後，東側凹陷為台北盆地，西側高起成林口台地。

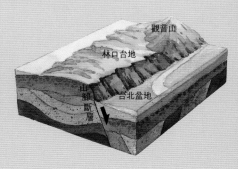

---

## 林口台地的形成

林口台地的形成與台北盆地有十分密切的關係。早期東側的台北地區原是一片由造山運動推擠出來的凹凸丘陵，而西側的林口台地則是較為低平的臨海沖積扇。

直到 100 至 50 萬年前左右，先後有「新莊斷層」產生及「山腳斷層」滑落，才形成今天一邊台地、一邊盆地的模樣。右方和上方的空照圖都可看出其間明顯的落差。下面就是林口台地的形成過程——

**①出現新莊斷層**：大約始於 100 至 50 萬年前左右，大規模的造山運動在林口沖積扇東側形成了一條「新莊斷層」。由於強烈擠壓力量的影響，林口沖積扇的東側，被推擠而隆起成低緩的小丘。

**②形成林口台地**：約 50 萬年前，造山運動的擠壓力量突然停止，並轉成一股張裂力量，原來上衝的新莊斷層，轉變成下滑的「山腳斷層」。斷層東側因此陷落成低窪的台北盆地，西側則相對被抬高為林口台地。

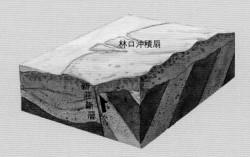

⑤泰山　　　　　　　　　　　1996/07

①明志技術學院　②泰山　③觀音山　　　　　1996/07

## 台地新象：林口新市鎮

右下方的空照圖是從林口長庚紀念醫院上方眺望，眼前這片分布有大型醫院、大片廠房、住宅高樓、閒置土地與完整道路系統的地景，就是已經開發近20年的「林口新市鎮」。

**林口新市鎮**：是指位於林口台地上較為平坦的1,000餘公頃土地，計畫容納20萬人。除住宅區、商業區、機關用地外，比較特別的是畫有一塊24公頃的醫院用地，後來興建「長庚紀念醫院」，就是照片中央醒目的數棟白灰色建築。

林口新市鎮，是台灣第一個由政府開發的新市鎮。顧名思義，新市鎮的目的

在於建構一座全新的都市。自1970年代初期開始規畫，設定「作為未來新市鎮建設之示範」的目標，期望在教育、運輸、工業各方面都有嶄新作為，讓林口發展成一處環境優美，居民「居住於斯，工作於斯」，充分自給自足的城市。

然而，經過近20年的發展，林口新市鎮仍未能達到原初的目標。除舊林口街一帶有較具規模的集居外，多數土地仍處於待開發狀態，顯現不出新市鎮的氣象。就多數人而言，對林口新市鎮的印象或許主要就是林口長庚紀念醫院、長庚大學以及中正體育學院吧！

**長庚體系**：林口新市鎮內雖然規畫了

400公頃左右的工業區，希望提供就業機會，達到自給自足的目標；不過，在新市鎮的發展過程中，台塑集團所開辦的「長庚體系」卻比工業區更能發揮預期的效果和產業帶動的功能。

目前長庚體系包含林口長庚紀念醫院、長庚護專以及長庚大學等；其中長庚紀念醫院，是現今國內規模最大的醫院。這些設施所帶來的就業、就學和消費人口，形成現階段林口新市鎮的經濟主體，也是未來進一步發展的重要根源。

▼「林口新市鎮」是台灣第一個新市鎮規畫；以長庚紀念醫院為主的「長庚醫療體系」，帶動了整個林口台地的經濟產業發展。

①林口台地　②觀音山　③大屯火山群　④台北盆地　　　　1995/08

①林口國民住宅　②中山高速公路　③文化一路　④長庚紀念醫院　⑤林口工業區　⑥復興一路　⑦文化二路　　1995/08

# 【攝影者簡歷】

## 陳敏明

- ◎1953年2月21日生
- ◎花蓮高中畢
- ◎台灣藝術專科學校廣播電視科畢
- ◎日本大學藝術學院攝影學系畢（寫真學科）
- ◎日本大學藝術學院（學部）藝術研究所結業

### 展覽
- ◎1984年10月　台北爵士藝廊個展「江戶散記」
- ◎1988年5月　台北爵士藝廊個展「海岸之旅」
- ◎1995年10月　台北爵士藝廊個展「遨遊家園」空中攝影展

### 攝影製作
- ◎1988年《海岸之旅》交通部觀光局東北角海岸國家風景區管理處　中英文版
- ◎1989年《東北角海岸遊憩專輯》交通部觀光局東北角海岸國家風景區管理處　中英文版
- ◎1991年《東部海岸山水巡禮》交通部觀光局東部海岸國家風景區管理處
- ◎1992年《寶島風光》台灣省旅遊局　中英德法文版
- ◎1996年《台灣森林遊樂區》幻燈多媒體製作攝影台灣省林務局　中英日文版

### 攝影工作紀事
- ◎1985年～1986年　光華雜誌特約攝影
- ◎1990年～1994年　博覽家雜誌特約攝影
- ◎1992年～1996年　日本講談社亞洲專題報導系列特約攝影
- ◎1993年　玉山銀行形象攝影專案
- ◎1994年　觀音山風景區全區攝影
- ◎1994年　台灣海岸環島空中攝影
- ◎1994年　台灣地理再發現攝影系列開展
- ◎1997年　陽明山國家公園火山地形空中攝影專案計畫執行
- ◎1997年　台灣日立公司簡介製作中英文版

### 攝影教學
- ◎1995年～1997年　中華攝影教育學會理監事兼著作權研究小組召集人
- ◎台灣藝術學院廣電系兼任攝影講師
- ◎淡江大學大眾傳播系兼任攝影講師
- ◎文化大學廣告系兼任攝影講師

# 【解讀者簡歷】

## 陳文山

　　1957年出生於高雄市。國中時即立志地質研究，1977年以第一志願考上台大地質系；接著進台大地質研究所深造，為了寫論文跑遍恆春半島和海岸山脈。1988年獲得博士學位，並任職台大地質系，現職為副教授。專攻「沈積學」和「生痕化石」。近年來，擴展西部麓山帶與中國西南地區之研究。

從淡水外海遠眺觀音山 (1994/08)

## 曾旭正

1961年出生於台南縣下營鄉。台灣大學土木研究所博士。現在在淡江大學建築系教書，主要領域與專長是城市歷史研究和社區規畫。常常上街頭從事社會改革運動。現在也是「專業者都市改革組織」(OURs)的理事長，「台北市都市計畫委員會」委員，「社區營造學會」常務理事。

## 詹素娟

1959年生，是土生土長的台北人。台灣師範大學歷史學博士，現職中央研究院台灣史研究所籌備處助研究員。向來從事台灣平埔族群史、區域史研究，一直希望透過「歷史」，探索各種時空脈絡下，不同人群與台灣土地的關係。因此，從疏離到對話、從文獻到田野，遂成為一個歷史學徒對台灣這塊土地的私密願望。

# 【圖片來源】

（數目爲頁碼）

◎封面設計／唐亞陽
◎全書照片（除特別註記外）／陳敏明攝
◎衛星圖／COPYRIGHT©1996 CNES、國立中央大學太空及遙測研究中心提供
◎全書地圖（除特別註記外）、31上／陳春惠繪
◎14、15、24、25、40、41、84、100、101、168、196、197 地圖／陳春惠・鄭雅玲繪
◎26、27、28、29上、88、89、146、147／彭大維繪
◎32上、111、138左、138中／國家圖書館台灣分館提供
◎42下、198／鍾燕貞繪
◎87上／江彬如繪
◎50、58下（圖一、圖二）、70、71、82、92、93、94、95、96、97、98、106、110、122、163、179、182、195、206、210／黃崑謀・鄭雅玲繪
◎42、43、55、58右下、59、78、79、86、87、130、131、158、159、183／黃崑謀繪
◎75／鄭雅玲繪
◎123下／台北市文獻會提供
◎154下、155下／莊永明提供

# 【致謝】

本書的完成，特別感謝：
（以姓名筆畫序）
王北虹、江玉英、呂理昌
李德婧、周怡伶、周慶澐
周舜華、周舜英、官月淑
洪　秋、洪閔慧、紀宜姍
郭中翰、高鵬翔、陳姿蓉
陳智宏、陳錫川、連翠茉
張詩薇、張正陽、張斯庭
黃智偉、楊清芬、詹益元
溫鎮華、厲　智、鄭宗杰
鄭窈宛、鄭興宗、鄭智元
賴慧玲、謝忠良、簡阿水
蘇文魁、鍾燕貞
中央大學太空及遙測研究中心
台北市政府都市發展局
台北自來水事業處
台灣電力公司
李祖原建築師事務所
明志技術學院
基隆市政府
翡翠水庫管理局

# 在空中盡情遨遊後
# 還可以去現場實地體驗！

## 大台北旅遊、觀察、踏看最佳配備

### 握遊台灣 台灣深度旅遊手冊
### 親炙大台北人文與土地的豐饒

### 北部海濱之旅 定價280元

導覽北海岸和東北角，每一停腳處，都是天造地設、舉世罕見的海岸奇景教室：凸出的岬角、凹入的灣澳、各式各樣的奇岩怪石、明顯裸露的岩層。當然，也不能錯過風貌獨具的老漁村和豐美的海產⋯⋯

### 淡水 定價250元

散步在最富異國情調的山城河港，體驗300多年來的時空變遷。探訪紅毛城特異的城堡和精美的領事館洋樓。巡禮鄞山寺，認識保存了160多年的傳統寺廟建築和同鄉會館。觀察大河奔流入海的氣勢，遊賞奇妙的紅樹林，來一趟豐富的知性之旅。

### 三峽 定價250元

漫步繁華一時的河港、染業重鎮、樟腦和茶業的主要產區，以及悲壯動人的義軍抗日聖地。進入祖師廟瞻仰名家巧匠的智慧與藝術結晶。流連在紅磚板廊、彎曲變化的古老街屋。臨溪垂釣、撿拾奇石，觀賞峽谷與瀑布奇景。探索天然雨林及地層奧祕。

### 本系列尚有：

| 鹿港 | 定價250元 | 台南歷史散步（上） | 定價280元 |
| 宜蘭 | 定價250元 | 台南歷史散步（下） | 定價280元 |

### 基隆 定價280元

參觀各式各樣的輪船、認識各種不同碼頭的設施與作業情形。探訪台灣北部最大的漁港和漁市場——八斗子漁港和崁仔頂漁市場，體驗漁村風情。巡禮台灣北部最完整重要的砲台古蹟、台灣第一條鐵路隧道。體驗深具特色的中元普渡祭典活動。

### 台北歷史散步
### 定價250元

追尋艋舺聚落昔日的繁華興衰，遊賞豐富的史蹟和民俗生活。參觀香火鼎盛的龍山寺，訪晤富麗堂皇的建築和護祐眾生的神明。散步於大稻埕昔日鼎盛的洋行、蓬勃的文化活動和華麗的洋樓建築中。踏上迪化街，走訪迷人的傳統行業和精緻的建築景觀。

### 台北古城之旅 定價250元

拜訪自清代以來，日治殖民政府及當今政府各機關所在的台北古城今與昔。一探日治時期所營建的官署、交通、學校、教堂、博物館等，以及延續自歐洲古典建築作品的「近代建築」。從老照片、老明信片中尋訪原攝點，台北城的變遷及迷人的風采，穿越時空來到您的案頭。

### 台北地質之旅 定價250元

台北的地質故事非常奇特、奧妙，從數千萬年前起，上演過一幕幕好戲：老地層的層層堆積、激烈的造山運動、驚人的火山爆發、奇特的盆地下陷、河川襲奪、海水灌注成湖⋯⋯本書帶你穿透時空，並且到現場去一一探訪！

# 觀察家系列
## 發現大台北自然與古蹟的美麗

### 古蹟入門　李乾朗・俞怡萍 合著　定價480元

以分類歸納的觀察要訣、精彩的跨頁大圖、簡明易懂的圖解與生動的現場照片，全方位展現本土經典建築的精髓。加上圖文並茂的古蹟年表、簡明扼要的基礎認識，及完整的古蹟檔案暨專家評介，是入門者參觀古蹟的最佳指南。

### 昆蟲入門　張永仁 著　定價450元

「蜘蛛是昆蟲嗎？」從住家的角落出發，一步步探索昆蟲多彩多姿的世界；以簡單有趣的直覺法迅速辨識 41 類常見昆蟲；並實際操作現場觀察昆蟲的二大要訣；最後提供探集、飼養、製作標本與做觀察的方法步驟，使你由「蟲盲」晉升為「蟲癡」！

### 岩石入門　陳文山 著　定價380元

隨手撿起一顆石頭，對照本書的解說，立刻就能進入神祕有趣的岩石世界！本書介紹大台北處處可見的各種岩石、化石、礦物與岩層，讓你從觀察、認識、探集、記錄、安排路線……一步步成為高明的岩石觀察家！

### 昆蟲圖鑑　張永仁 著　定價750元

收錄 700 多種常見昆蟲的精彩生態圖片與資料，並提供三種不同的查詢方法，方便快速、簡明易懂，是認識昆蟲世界的第一本入門全圖鑑，也是進行野外昆蟲觀察、鑑定時最有利的工具書。

## 大台北天地遊
## 徜徉大台北天空與大地的壯闊

### 《大台北空中散步》旅遊版

精選35個區域，面面俱到，引領你大開眼界、身歷其境、深度旅遊，滿足閱讀的意猶未盡……

旅遊新驚艷！

延伸視野、引領探險！

讓旅途步步驚喜！

### 大台北天地遊

陳敏明 攝影　定價280元
**推廣價199元**

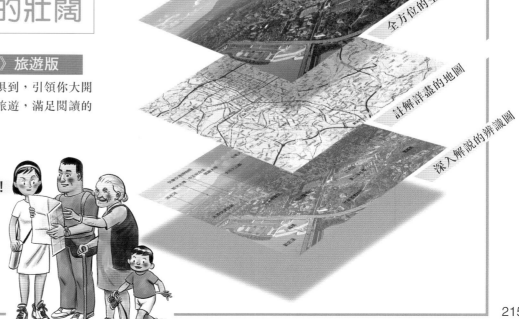

全方位的空照圖

註解詳盡的地圖

深入解說的辨識圖

215

國家圖書館出版品預行編目資料

大臺北空中散步／陳敏明攝影；陳文山、曾旭正、詹素娟解讀. --初版.
--臺北市：遠流，1999〔民88〕
　面；　　公分

ISBN 957-32-3833-0（精裝）

1. 臺北市－地理　　　2. 臺北縣－地理　　　3. 基隆市－地理

673.23　　　　　　　　　　　　　　　　　　　　　88014471

攝影＝陳敏明
解讀＝陳文山・曾旭正・詹素娟


主編＝王明雪　美術設計＝唐亞陽　執行編輯＝周舜瑾
美術主編＝陳春惠・黃崑謀　美術編輯＝鄭雅玲・黃瀞瑩
特約編輯＝陳杏秋　文字協力＝林皎宏　圖片協力＝陳輝明・徐志初・林雅群


總策劃＝莊展鵬　副總編輯＝黃盛璘　企劃＝賴惠鳳・祝文君

發行人＝王榮文
出版發行＝遠流出版事業股份有限公司
台北市汀州路 3 段184號 7 樓之 5
郵撥：0189456-1 電話：(02) 2365-3707　傳真：(02) 2365-7979
著作權顧問＝蕭雄淋律師
法律顧問＝王秀哲律師・董安丹律師
輸出印刷＝中原造像股份有限公司
裝訂＝中原造像股份有限公司


□1999年11月20日　初版一刷　2001年1月31日　二版一刷


行政院新聞局局版臺業字第1295號
售價 2800元（缺頁或破損的書，請寄回更換）
ISBN 957-32-3833-0
YL*ib* 遠流博識網 http：//www.ylib.com.tw/
E－mail：ylib@yuanliou.ylib.com.tw